Günstig sanieren & modernisieren

Wie Sie als Immobilienbesitzer beim Umbau viel Geld sparen, ohne auf solide Qualität zu verzichten

LEONARD BALZER

Inhaltsverzeichnis

Glossar

AfA	Abschreibung für Abnutzung
BAFA	Bundesamt für Wirtschaft und Ausfuhrkontrolle
BEG	Bundesförderung für effiziente Gebäude
BEG EM	Bundesförderung für effiziente Gebäude – Einzelmaßnahmen
BEG WG	Bundesförderung für effiziente Gebäude – Wohngebäude
BEG NWG	Bundesförderung für effiziente Gebäude – Nichtwohngebäude
BG BAU	Berufsgenossenschaft der Bauwirtschaft
EEE	Energieeffizienz-Experte
EStG	Einkommensteuergesetz
GEG	Gebäudeenergiegesetz
iSFP	individueller Sanierungsfahrplan
KfW	Kreditanstalt für Wiederaufbau
WEG	Wohnungseigentümergemeinschaft

Einleitung

Die Sanierung von Immobilien ist für Privatnutzer, Vermieter und Immobilienhändler wichtig, wenn diese ein marodes, sanierungsbedürftiges oder nicht energieeffizientes Objekt besitzen. Immobilienhändler, die gemäß dem *Flix & Flip*-Konzept gezielt Immobilien in schlechtem Zustand kaufen, um diese anschließend aufzuwerten sowie mit Gewinn wiederzuverkaufen, müssen jedes Investitionsobjekt umfassend sanieren.

Bei der Entscheidung, welche Sanierungsarbeiten in welchem Umfang und welcher Qualität stattfinden sollen, muss das verfügbare Budget berücksichtigt werden. Meist sind die finanziellen Mittel begrenzt, weshalb folgende Frage in den Vordergrund rückt: Wie setze ich die Sanierung möglichst kosteneffizient um, sodass ich mit meinem Budget zurechtkomme und idealerweise am Ende der Sanierung noch Geld übrig bleibt? Dieser Frage widmet sich vorliegender Ratgeber.

Sie als Leser erwartet in diesem Buch eine Sammlung an 40 Tipps und Techniken zur kosteneffizienten Aufwertung von Immobilien. Sowohl Privatnutzer, die die Immobilie in Teilen oder komplett selbst bewohnen, als auch Vermieter und Immobilienhändler, die mit ihrer Immobilie Gewinne erzielen möchten, finden mit diesen 40 Tipps und Techniken hilfreiches Fachwissen. Diese betreffen folgende Themenbereiche und teilen sich auf vier Kapitel auf:

- **Kapitel I: 10 allgemeine Grundlagen-Tipps für vor dem Kauf und vor der Sanierung**

Dieses Kapitel enthält Ratschläge, die z. B. die Auswahl der Immobilie betreffen. Sie erfahren, wie es Ihnen gelingt, ein Objekt mit einem für Sie vertretbaren Sanierungsaufwand zu finden, sowie den Sanierungsaufwand richtig einzuschätzen. Diese Tipps sind für Privatnutzer, Vermieter und Immobilienhändler gleichermaßen interessant.

Überdies enthält das erste Kapitel einige Tipps und Techniken, die ausschließlich für Vermieter und Immobilienhändler von Belang sind. Dazu zählt unter anderem das Knüpfen von Kontakten in der Immobilienbranche. Durch Tipps von Branchenkennern lassen sich bei Sanierungen nämlich beträchtliche Einsparungen realisieren.

- **Kapitel II: 10 Tipps, die unter langfristigem Blickwinkel sinnvoll sind**

Die Tipps dieses Kapitels sind für Privatnutzer, Vermieter und Immobilienhändler nützlich. Beispielsweise trägt die regelmäßige Kontrolle des Sanierungsbedarfs, zu der Ratschläge gegeben werden, zur Vermeidung größerer Schäden bei. Wenn Sie Schäden nämlich schon im Ansatz erkennen und beheben lassen, fallen die Kosten für die erforderlichen Sanierungsarbeiten geringer aus.

Der Einsatz erneuerbarer Energien ist ebenfalls ein Thema des zweiten Kapitels. Erneuerbare Energien verschaffen weitreichende Vorteile bei der Energieeinsparung und senken die Nebenkosten der Immobilie, sodass sich die Kosten für energetische Sanierungen durch die Ersparnisse langfristig refinanzieren.

Auch Förderkredite und Zuschüsse werden vorgestellt. Mithilfe von Förderungen wird die Durchführung energetischer und altersgerechter Sanierungsmaßnahmen kostengünstiger. Welche Förderungen es gibt, wie Sie diese beantragen, was die Bedingungen der Förderungen sind, wie viel Sie bei den Förderungen sparen – über diese und weitere Aspekte informieren die 10 Tipps im zweiten Kapitel.

- **Kapitel III: 10 Tipps für die Durchführung der Sanierung**

Nach all den Tipps zu Vorbereitungsmaßnahmen sowie zur Beantragung von Fördergeldern in den ersten beiden Kapiteln ist im dritten Kapitel der Zeitpunkt reif für Tipps, die sich auf die Durchführung der Sanierung beziehen. Denn im Zuge der Sanierung lässt sich durch die Nutzung bestimmter Materialien oder Techniken beträchtlich sparen.

Im letzten Tipp des dritten Kapitels erhalten Sie Informationen dazu, welche Sanierungsmaßnahmen Sie selbst durchführen können. Zu diesen Maßnahmen zählen nicht nur destruktive Arbeiten, wie der Abbau des alten Bodenbelags oder der Abriss einer nicht tragenden Innenwand. Auch konstruktive Arbeiten, wie beispielsweise das Verlegen des Bodens und sogar das Hochziehen des Mauerwerks, können Sie unter bestimmten Bedingungen in Eigenleistung erbringen.

- **Kapitel IV: 10 Tipps für einen konformen und vorausschauenden Umgang mit dem Gesetz**

Das Gesetz erlegt Immobilieneigentümern Pflichten auf, aber verschafft den Eigentümern gleichzeitig auch Möglichkeiten. Pflichten sind etwa das Einreichen einer Steuererklärung und der Austausch alter Gas- und

Ölheizkessel. Die steuerliche Absetzbarkeit bestimmter Maßnahmen und die Kostenumlage auf Mieter sind Beispiele für die vorteilhaften Möglichkeiten, die Ihnen zu Kostenersparnissen verhelfen und um die es in dem vierten Kapitel gehen soll.

In diesem Kapitel werden nicht alle Gesetze und gesetzlichen Aspekte, von denen Immobilieneigentümer betroffen sind, thematisiert. Der Fokus liegt auf der Vermittlung von Informationen, die Ihnen zu Kosteneinsparungen bei der Sanierung verhelfen oder zur Vermeidung von Kostenfallen beitragen.

Zur Vermeidung von Kostenfallen zählt beispielsweise die Kenntnis über die Dämmpflichten, die sich aus dem Gebäudeenergiegesetz (GEG) ergeben. Eine Missachtung dieser Pflichten kann zu Bußgeldern in Höhe von 50.000 Euro führen, was eindeutig einer Kostenfalle entspricht. Wie Dämmpflichten berücksichtigt werden und sich in bestimmten Fällen umgehen lassen – auch das wird Inhalt des vierten Kapitels sein.

Alles in allem bieten die 40 Tipps und Techniken in diesem Ratgeber eine Zusammenstellung aus wichtigen Informationen, mit deren Hilfe Sie entweder vor, während oder nach der Sanierung sparen. Dabei werden auch Ratschläge gegeben, wie eine Sanierung nach dem heutigen Stand der Technik überhaupt stattfinden sollte, damit Sie langfristig profitieren – ob als Privatnutzer, Vermieter oder Immobilienhändler.

Vor dem Kauf und vor der Sanierung: 10 allgemeine Grundlagen-Tipps

Den Einstieg in dieses Kapitel bilden zwei Tipps, die Ihnen die Kalkulation des Sanierungsaufwands vereinfachen. Die **Kalkulation des Sanierungsaufwands** ist insbesondere aus zwei Gründen sinnvoll: Zum einen ermöglicht sie die Beurteilung des Immobilienkaufpreises, zum anderen ist sie im Rahmen der Budgetplanung für den Kauf und die Sanierung der Immobilie unerlässlich.

Immobilien in einem einwandfreien Zustand, die sich in ähnlicher Lage wie das sanierungsbedürftige Objekt befinden, weisen einen höheren Kaufpreis auf. Das sanierungsbedürftige Objekt sollte – rechnet man den Kaufpreis, die Kaufnebenkosten und die voraussichtlichen Sanierungskosten zusammen – **günstiger als vergleichbare und nicht sanierungsbedürftige Objekte sein**, um Sie für den Aufwand der Sanierung zu „entschädigen". Erst, wenn diese Bedingung vorliegt, kann von einem fairen Kaufpreis die Rede sein.

Falls Sie den Sanierungsaufwand nicht gründlich kalkulieren, riskieren Sie, dass nach dem Kauf der Immobilie unerwartet hohe Kosten auf Sie zukommen. Die hohen Kosten können sogar dazu führen, dass das gesamte Immobilieninvestment zu einem Fehlschlag wird. Beim Kauf einer Immobilie zur Eigennutzung sind Fehlkalkulationen zwar ärgerlich, aber unter Umständen zu verkraften: Da Sie die Immobilie selbst beziehen, können Sie bei einem Mangel an finanziellen Mitteln zunächst einzelne Zimmer, die Fassade oder den Garten unsaniert lassen, bis Sie wieder genug Geld für die Durchführung der verbleibenden Arbeiten zur Verfügung haben.

Anders stellt sich die Sachlage jedoch für **Vermieter und Immobilienhändler** dar: Diese investieren in eine sanierungsbedürftige Immobilie mit der Absicht einer möglichst schnellen Sanierung, um anschließend durch eine Vermietung bzw. einen Verkauf des Objekts Gewinne zu erzielen. Folglich ist eine **hochpräzise Budgetkalkulation und Sanierungsplanung unerlässlich**, um die Immobilie als Vermieter zügig bezugsreif machen bzw. als Händler das Objekt schnell wiederverkaufen und nach dem Verkauf direkt in das nächste Objekt investieren zu können.

<u>Los geht's!</u>

Sie wissen nun, warum vor der Wahl eines Objekts großer Wert auf die Kalkulation des Sanierungsaufwands zu legen ist. Sie legen durch präzise Budget- und Kostenkalkulationen den **Grundstein dafür, dass eine kosteneffiziente Sanierung überhaupt möglich ist.** Hierbei unterstützen Sie im Folgenden die ersten beiden Tipps.

Die weiteren Tipps dieses Kapitels beziehen sich vor allem darauf, wie Sie möglichst kostengünstige Handwerker und Betriebe zur Durchführung der Sanierungsmaßnahmen finden. Der Vergleich verschiedener Angebote und Dienstleister, die regelmäßige Zusammenarbeit mit bestimmten Firmen sowie das Knüpfen von Kontakten in der Immobilienbranche sind Beispiele für einige Tipps, die Sie erwarten. Zudem bekommen Sie Ratschläge zu Verhandlungen mit den Gewerken und Tipps zur Planung des Sanierungsablaufs.

Tipp # 1: Objekte mit zu hohem Sanierungsbedarf meiden

In seinem Buch *The Guide to „Fix and Flip" real estate* (2019) gibt M. Spencer eine pauschale Einschätzung dazu ab, wann ein zu hoher Sanierungsaufwand vorliegt. Er empfiehlt, bei einer Immobilienbesichtigung auf große Mängel zu achten. Sollten **bei der Besichtigung sofort mehr als drei große Mängel festgestellt** werden, liege laut Spencer ein zu hoher Sanierungsbedarf vor. Als groß bezeichnet er in seiner Erklärung sämtliche Mängel, die eine größere Sanierung oder Renovierung erfordern; als Beispiel hierfür nennt M. Spencer unter anderem den Austausch der gesamten Elektrik. In seinen Augen hätten entsprechende Objekte einen derart hohen Sanierungsbedarf, dass es **beim Wiederverkauf des Objekts nur eine geringe Profitmarge** gebe.

Um große Mängel sowie den damit verbundenen Sanierungsaufwand und die Kosten besser einschätzen zu können, erhalten Sie im nächsten Abschnitt eine Übersicht über die kostspieligsten Sanierungsmaßnahmen. Vorab ist zur Einordnung wichtig, dass sich die Aussage von M. Spencer **hauptsächlich auf Immobilienbesichtigungen durch Investoren bezieht**.

- Insbesondere beim Investitionskonzept *Fix & Flip*, bei dem sanierungsbedürftige Immobilien zu geringen Preisen gekauft, erneuert und dann mit Gewinn wiederverkauft werden, bietet der pauschale Ratschlag von M. Spencer eine gute Hilfestellung, um kostenintensive Immobilien zu meiden und ausschließlich in Immobilien zu investieren, die sich kosteneffizient sanieren lassen.
- Sollten Sie kein Immobilienhändler, Investor oder Vermieter sein und eine Immobilie zur Eigennutzung besichtigen, ist der Ratschlag von M. Spencer jedoch nicht ohne Weiteres anwendbar. Als Privatnutzer

achten Sie nicht auf eine hohe Profitmarge, sondern treffen – zumindest teilweise – Ihre Kaufentscheidungen aus emotionalen und persönlichen Gründen. Sie haben somit mehr Spielraum bei der Entscheidung für ein Investitionsobjekt. Für Sie als Privatnutzer kommen demnach auch Immobilien mit mehr als drei großen Mängeln als Kaufobjekte infrage.

Doch auch wenn Sie Privatnutzer sind und beispielsweise aufgrund deren besonderer Geschichte eine emotionale Bindung zur Immobilie entwickeln, sollten Sie hinterfragen, ob der generelle Sanierungsaufwand für Sie langfristig finanzierbar ist.

Berücksichtigen Sie außerdem, dass Sie per Gesetz zur zeitnahen Durchführung bestimmter Sanierungs- und Modernisierungsmaßnahmen verpflichtet werden können. Über solche Gesetze erfahren Sie im vierten Kapitel mehr. Maßnahmen an der Immobilie, deren Durchführung bis zu einem bestimmten Datum verpflichtend sind, müssen Sie durchführen und demzufolge finanziell tragen können.

Kostspieligste Sanierungsmaßnahmen im Überblick

- Komplette Erneuerung des Daches
- Austausch des gesamten Heizungssystems
- Austausch der gesamten Elektrik
- Aufriss der Wände zur Kompletterneuerung von Leitungen und/oder Rohren
- Asbestsanierung (generell: Beseitigung von Bauelementen mit gesundheitsgefährdenden Stoffen)
- Sanierung von Schimmel im gesamten Gebäude (insbesondere bei großflächigem, schwarzem Schimmel)
- Kompletterneuerung der Fassade (inklusive Neudämmung)

Tipp # 2: Die Gebäudealtersklassen kennen

Die Gebäudealtersklassen erleichtern die Einschätzung von Defiziten bei Immobilien. In den vergangenen Jahrzehnten galten jeweils andere Normen beim Immobilienbau. Während die Wärmedämmung im 19. Jahrhundert noch keine große Rolle spielte, änderte sich dies spätestens in der zweiten Hälfte des 20. Jahrhunderts. Beim jetzigen 21. Jahrhundert handelt es sich im Immobilienbau bisher um das Zeitalter der Energieeinsparungen und der erneuerbaren Energien.

Schon allein diese Fakten zeigen einen wesentlichen Unterschied beim Bau von Immobilien in verschiedenen Jahrzehnten auf: die Energieeffizienz. Je tiefer man sich mit der Thematik befasst, umso mehr Unterschiede zwischen den verschiedenen Gebäudealtersklassen treten zutage. Das Ziel dieses zweiten Tipps zur Kalkulation des Sanierungsaufwands besteht darin, Ihnen einen grundlegenden Überblick über die Eigenschaften der Gebäudealtersklassen zu geben. Dadurch werden Sie besser imstande sein, die Schwachstellen von Gebäuden zu identifizieren und die Kosten zur Behebung der Schwachstellen einzuschätzen.

Gebäudealtersklassen und allgemeine Hinweise im Überblick

Der Autor Hans Jürgen Krolkiewicz zählt in seinem Buch *Der Altbau. Auswahl, Kauf Modernisierung* (2010) folgende Gebäudealtersklassen auf:

- Gebäudeklasse A: bis 1918 (bis Ende des Ersten Weltkriegs)
- Gebäudeklasse B: von 1919 bis 1945 (vom Beginn der Weimarer Republik bis zum Ende des Zweiten Weltkriegs)

- Gebäudeklasse C: von 1945 bis etwa 1950 (direkte Nachkriegszeit)
- Gebäudeklasse D: von 1950 bis 1960 (Aufbaujahre und während der Bauboomzeit)
- Gebäudeklasse E: von 1960 bis 1970
- Gebäudeklasse F: von 1970 bis 1980
- Gebäudeklasse G: ab 1980

Die Gebäudealtersklassen werden in anderen Quellen noch detaillierter unterteilt; so zum Beispiel durch die *INSTITUT WOHNEN UND UMWELT GmbH* (2005), die zehn Baualtersklassen und außerdem sechs Sonderfälle von Gebäudetypen aufführt. Für Sie als Investor, Vermieter oder Eigennutzer genügt es, wenn Sie die sieben Gebäudealtersklassen aus der oberen Aufzählung näher kennenlernen.

Nachdem Sie sich über die Gebäudealtersklassen informiert haben und über die Merkmale der Gebäudealtersklassen im Bilde sind, gehen Sie wie folgt vor: Sie führen eine Erstbesichtigung bei mehreren Immobilien durch. Dabei werten Sie mithilfe der Informationen zu den Gebäudealtersklassen die Objekte aus. Sie **sortieren aus Ihrer Auswahl die Objekte mit gravierenden Mängeln aus** und grenzen auf diese Weise die Auswahl an Immobilien ein.

Die Immobilien, die es in Ihre engere Auswahl schaffen, **besichtigen Sie anschließend erneut zusammen mit einer Baufachkraft**; diese kann beispielsweise ein Architekt oder ein Sachverständiger für Baukonstruktion sein. Die Baufachkraft wird die typischen Defizite der Gebäudealtersklassen im Blick haben und die Immobilie im Hinblick auf diese sowie weitere Defizite **noch genauer als Sie überprüfen**. Erstellen Sie gemeinsam mit der Baufachkraft ein Protokoll und legen Sie diesem Fotos der Immobilie bei. (Krolkiewicz, 2010) Danach fällt es Ihnen leichter, Investitionsentscheidungen zu treffen sowie auf Basis der Ergebnisse aus der Besichtigung über eine Senkung des Immobilienpreises zu verhandeln.

Gebäudeklasse A: bis 1918 (bis Ende des Ersten Weltkriegs)

Gebäude dieser Klasse zeichnen sich durch ein **einschaliges Mauerwerk** aus. (Krolkiewicz, 2010) Darunter ist zu verstehen, dass es lediglich eine Wand gibt, die sowohl tragend ist als auch den Wärmeschutz übernimmt. (baunetzwissen. de, 2022) Das einschalige Mauerwerk hat eine schlechte Wärmedämmung und ebenso einen schlechten Schallschutz zur Folge, was die Hauptdefizite von Immobilien aus dieser Gebäudeklasse sind.

Weitere Defizite innerhalb der Gebäudeklasse A betreffen die Durchfeuchtung von Keller- und Erdgeschosswänden durch eine fehlende Abdichtung sowie die aus der Durchfeuchtung folgende Schädigung der Bausubstanz. (baunetzwissen.de, 2022) Darüber hinaus waren früher Gebäude mit kleineren Grundrissen in Mode. Folglich ist bei Immobilien der Gebäudeklasse A häufig eine Vergrößerung der Räume zur Anpassung an moderne Wohnraumverhältnisse erforderlich.

Gebäudeklasse B: von 1919 bis 1945 (vom Beginn der Weimarer Republik bis zum Ende des Zweiten Weltkriegs)

Nach dem Ersten Weltkrieg und bis zum Ende des Zweiten Weltkriegs herrschte Materialknappheit. Außerdem war die Menge an Fachkräften auf dem Bau gering, denn diese unterstanden entweder der Wehrpflicht oder waren zum Teil auf der Flucht vor dem Krieg. Die Immobilien der Gebäudeklasse B entsprechen daher in vielerlei Hinsicht nicht den heutigen Standards.

Insgesamt ist bei Objekten aus der Gebäudeklasse B mit denselben Defiziten wie bei Objekten aus der Gebäudeklasse A zu rechnen, jedoch fallen diese Defizite aufgrund der **Materialknappheit und der sparsamen Verwendung von Baumaterialien** wesentlich höher aus. Zudem sind die Wände in der Regel dünner als jene bei Immobilien der Klasse A. (Krolkiewicz, 2010)

Da wie bei Immobilien der Gebäudeklasse A keine Wärmedämmung vorhanden ist, sind die Immobilien der Gebäudeklasse B mit ihren dünnen Außenwänden und dem Nachteil der Materialknappheit in der Regel unter allen Gebäudeklassen diejenigen, die energetisch am ineffizientesten sind. Außerdem haben die **Wände eine geringe Festigkeit.** (baunetzwissen.de, 2022)

Gebäudeklasse C: von 1945 bis etwa 1950 (direkte Nachkriegszeit)

In der unmittelbaren Nachkriegszeit nach dem Zweiten Weltkrieg trat **keine Besserung der Materialqualität und des Wohnstandards** ein. Die Materialknappheit war ausgeprägter denn je, sodass die Wände des Öfteren aus Bauschutt und gereinigten alten Mauerziegeln gefertigt wurden. Auch bei den Dachkonstruktionen arbeitete man mit Materialien, die man aus den Ruinen retten konnte. So sind beispielsweise Dachstühle, die aus alten Dachstühlen oder frisch geschlagenem Holz gezimmert und einfach auf die Decke aufgelegt wurden, keine Seltenheit. (Krolkiewicz, 2010)

Mit **Wandstärken zwischen 24 und 30 cm, fehlender Dämmung und beengten, kleinen Räumen** sind die Objekte der Gebäudeklasse C alles andere als wohnlich. (baunetzwissen.de, 2022) Aufgrund der schlechten Materialien und der Knappheit an Fachkräften sind die Gebäude teilweise sogar bautechnisch und bauphysikalisch problematisch; dies bedeutet, dass die Sicherheit einiger tragender Elemente nicht gewährleistet werden kann.

Gebäudeklasse D: von 1950 bis 1960 (Aufbaujahre und während der Bauboomzeit)

Mit den Gebäuden der Klasse D begann eine Verbesserung des Gebäudebaus in vielfacher Hinsicht. Beispielsweise war die Materialknappheit aus der Nachkriegszeit zum Teil überwunden. Neben **Tonziegeln und Kalksandsteinen** kam auf dem Bau zunehmend **Beton** zum Einsatz. Teilweise wurden die Wände gedämmt und erfüllten die Anforderungen der Norm DIN 4108. (Krolkiewicz, 2020)

Noch häufiger als eine Dämmung der Wände ist bei Gebäuden der Klasse D eine Dämmung der Dächer anzutreffen, wobei als Dämmmaterial vereinzelt ein bitumierter Kork zum Einsatz kam. Weil Kork im Zuge der Sanierung eventuell entsorgt werden muss und als Sondermaterial gilt, ist in dieser Hinsicht mit erhöhten Sanierungskosten zu rechnen.

Die **Dämmungen von Objekten der Klasse D fielen jedoch oft ineffizient aus.** Vor dem Kauf einer Immobilie ist insbesondere auf die schlanken Bauteile, worunter unter anderem die Stützen und Leibungen fallen, zu achten. Diese sind aufgrund der oftmals schlechten Dämmung anfällig auf Kondensatschäden. (baunetzwissen, 2022)

Wenig Modernisierungsbedarf besteht bei Gebäuden der Klasse D bei der **Größe der Wohnräume.** Die Grundrisse der Immobilien waren in der Regel großzügiger als in den vorangegangenen Jahrzehnten, sodass sie den **heutigen wohnlichen Standards genügen.** Eine Sanierung und Modernisierung der Elektrik wird bei Objekten der Klasse D wahrscheinlich notwendig sein.

Gebäudeklasse E: von 1960 bis 1970

In dieser Gebäudeklasse sind **Gebäude aus Beton weit verbreitet.** Zudem kam das Flachdach in Mode. Mit dem Flachdach geht der Nachteil der geringen Haltbarkeit einher, denn Flachdächer halten Lasten wie Schneemassen und Feuchtigkeit schlechter stand als Steildächer.

Zu begrüßen sind die **Abdichtungen der Keller,** die mit den Immobilien der Gebäudeklasse E begannen und Feuchtigkeitsschäden der Bausubstanz vorbeugen. Hier ist einzuräumen, dass die Abdichtung der Keller oft mangelhaft war, weshalb bei der Besichtigung von Objekten dieser Gebäudealtersklasse ebenso wie bei Objekten der vorangegangenen Klassen verstärkt auf den Zustand der Kellerwände zu achten ist.

Die Dämmung der Wände und der Dächer ist in Relation zu Gebäuden aus dem vorangegangenen Jahrzehnt schlechter. Der Grund hierfür ist, dass die Gebäude von vornherein mit Zentralheizungen anstelle der früher üblichen Kohleheizungen ausgestattet wurden. Angesichts des Überangebots an Rohstoffen zu geringen Preisen war es **kaum notwendig, zu dämmen, da äußerst kostengünstig geheizt werden konnte.** (baunetzwissen.de, 2022) In heutigen Zeiten und angesichts der Erkenntnisse rund um die negativen Auswirkungen des Verbrauchs fossiler Brennstoffe auf die Umwelt ist es umso wichtiger, diese Gebäude im Zuge einer Sanierung komplett neu zu dämmen.

Ein für die Gesundheit wesentliches Defizit: In den 60er-Jahren kamen im Bau **vermehrt gesundheitsschädliche Stoffe wie Asbest und Formaldehyd** zum Einsatz. (Krolkiewicz, 2010) Diese müssen im Rahmen einer Sanierung entsorgt werden, sofern sie nicht fest in Materialien gebunden sind. Die Kosten einer Asbestsanierung sowie der Entsorgung anderer gesundheitsschädlicher Stoffe sind enorm.

Gebäudeklasse F: von 1970 bis 1980

Die 70er-Jahre sind die Phase der umfassenden Wärme-dämmmaßnahmen. Bedingt durch die Ölkrise 1973 und die daraus folgende Preiserhöhung für Öl, wird – in den mit Öl-Zentralheizungen ausgestatteten Immobilien – zunehmend auf eine Senkung der Heizkosten Rücksicht genommen. Dies trägt zur Einführung folgender weitreichender Maß-nahmen zur Wärmedämmung bei:

- Fenster mit wärmegedämmten Rahmen
- zweischalige Wände aus 1) Materialien mit einem Zuschlag an Dämmstoffen und 2) einer zusätzlichen Schicht für Wärmedämmung
- Dächer mit einer Dämmung, die den Anforderungen der DIN 4108 und EnEV 2002 entspricht (Krolkie-wicz, 2010)

Der **Sanierungs- und Modernisierungsbedarf** bei Immo-bilien dieser Gebäudeklasse ist **im Hinblick auf den Wärme- und Schallschutz gering**. Dafür ist der Bedarf für eine Generalüberholung an einer anderen Stelle umso grö-ßer: die Fassadengestaltung. Die 70er-Jahre waren nicht nur die Zeit der Ölkrise, sondern außerdem die Zeit der Industriebauten.

Zahlreiche Teile der Gebäude wurden in der Industrie vor-gefertigt, um die Kosten für den Gebäudebau zu senken. Zwar wurde die Kostensenkung erreicht, doch die **nicht ästhetische Gestaltung** der Gebäude aus der Klasse F bildet ein großes Manko. Eine Modernisierung oder eine optisch ansprechende Umgestaltung der Fassade wird bei Gebäuden aus den 70er-Jahren oft notwendig sein.

Weil die Grundrisse auf Produktionsraster in der Industrie ausgerichtet wurden, haben die Gebäude der Klasse F einen

Nachteil, der mit den Immobilien der Gebäudeklasse D ein vorübergehendes Ende gefunden hatte: **kleine Räume**. (baunetzwissen.de, 2022) Somit bietet es sich im Zuge einer Sanierung in jedem Fall an, den Grundriss zu ändern, damit dieser den heutigen Ansprüchen gerecht wird.

Überdies ist zu berücksichtigen, dass auch in den Immobilien der 70er-Jahre **gesundheitsschädliche Stoffe wie Asbest und Formaldehyd** enthalten sein können.

Gebäudeklasse G: ab 1980

In die Gebäudeklasse G fallen sämtliche Immobilien ab 1980 bis heute, wobei die **qualitativen Unterschiede deutlich** sind. Während Gebäude aus diesem Jahrtausend den Anforderungen der neuesten Energiesparverordnungen (EnEV) entsprechen und Strom sowie Wärme teilweise aus erneuerbaren Energien beziehen, verhält es sich mit Gebäuden aus den 80er- und 90er-Jahren noch anders.

In **Gebäuden aus den 80ern und 90ern** finden sich **vereinzelt noch gesundheitsschädigende Stoffe**, wie lungengängige Fasern von Mineralwolldämmstoffen. Auch die Wärme- und Schallschutzdämmung ist nicht den heutigen Standards entsprechend. Dennoch lässt sich sagen, dass diese Defizite weitaus weniger ausgeprägt sind als in den Immobilien der früheren Klassen. Somit dürfte der Sanierungsbedarf in diesen Punkten gering ausfallen.

Optisch sind die Gebäude der Klasse G wesentlich ansprechender als die Industriebauten aus den 70ern. Bei der Erneuerung der Außenfassade besteht, abgesehen von einem neuen Anstrich, meist kein Sanierungsbedarf.

Hinweise zu allen Gebäudeklassen

Die Hinweise zu den Gebäudealtersklassen in den vorigen Abschnitten betrafen größtenteils die typischen Eigenschaften von Immobilien. Dabei lag der Schwerpunkt auf der Bausubstanz, der Dämmung und dem Schadstoffgehalt, da diese Kriterien bei einer Sanierung oftmals für die größten negativen Überraschungen sorgen und hohe Kosten verursachen.

Nicht oder nur kaum berücksichtigt wurden in den Hinweisen Aspekte, die für sämtliche Gebäude der Klassen gelten. Beispielsweise kann davon ausgegangen werden, dass **bei Gebäuden, die über 30 Jahre alt sind**, häufig ein **Austausch des Heizsystems und der Elektrik** erforderlich sein wird. Besonders markant sind diesbezüglich die Defizite, die Gebäude der Klasse C aufweisen, denn hier verlaufen die Elektroleitungen sowie die Rohre zur Heizversorgung oft auf dem Putz und wahllos an den Wänden entlang. (Krolkiewicz, 2010)

Bei sämtlichen Gebäudeklassen ist davon auszugehen, dass eine **Erneuerung der Böden, des Wandanstrichs und der Fenster innerhalb der Räumlichkeiten erforderlich** sein wird. All diese allgemeinen Defizite von Immobilien sollten Sie zusätzlich zu den spezifischen Sanierungshinweisen in den verschiedenen Gebäudeklassen im Blick haben, wenn Sie den Sanierungsbedarf bei Immobilien kalkulieren.

Tipp # 3: Angebote mehrerer Firmen vergleichen

Die **Preise verschiedener Firmen und Handwerker können um ca. 20 % variieren.** Aus diesem Grund ist es klug, die Angebote mehrerer Firmen einzuholen und zu vergleichen. Allerdings sollte dabei der Nutzen in einem vernünftigen Verhältnis zum Aufwand stehen: Wenn Sie verschiedene Angebote einholen und mit den Dienstleistern sprechen, kostet es Sie einiges an Zeit. Definieren Sie daher für sich, ab welchen Geldbeträgen sich ein Vergleich der Angebote lohnt. Um zwei Beispiele hierfür zu bringen:

- Die Leistung eines Handwerkers kostet 750 Euro. 20 % mögliche Ersparnis würden bedeuten, dass sie die Leistung um 150 Euro günstiger erhalten. Bei einer derart geringen Ersparnis ist davon auszugehen, dass der zusätzliche Aufwand für das Einholen günstigerer Angebote nicht gerechtfertigt ist.
- Für eine neue Tapezierung und einen neuen Anstrich der glatt verputzten Wände in der Wohnung verlangt ein Malerbetrieb 8.000 Euro von Ihnen. Angesichts der bis zu 1.600 Euro möglichen Ersparnis ist es hier ratsam, hier mehrere Angebote einzuholen.

In einigen Fällen ist es besonders sinnvoll, Angebote von mehreren Unternehmen einzuholen. Falls ein Unternehmen überdurchschnittlich bekannt ist, ist die Wahrscheinlichkeit hoch, dass dieses nicht die günstigsten Angebote hat. Holen Sie daher, zusätzlich zu den Angeboten großer und/oder renommierter Unternehmen, **in jedem Fall einige Angebote von kleineren Unternehmen** ein. Beispielsweise könnten Sie sich gezielt bei Unternehmen informieren, die 50 bis 100 km im Umfeld der nächstgelegenen Großstadt ansässig sind. Es ist nicht unwahrscheinlich, dass ein kleinerer Betrieb geringere Kosten hat und diesen Vorteil in Form eines geringeren Dienstleistungspreises an Sie weitergibt. Ferner besteht die Chance, dass ein kleinerer Betrieb mehr freie Termine hat und Sie nicht mehrere Monate warten müssen, bis die Sanierung beginnen kann.

Weil bei kleineren Betrieben das Risiko von mangelhaften Dienstleistungen prinzipiell höher als bei großen und renommierten Betrieben ausfällt, bietet es sich an, **vor der Angebotsanfrage die Referenzen des kleinen Betriebs zu prüfen**. Auf seiner Website sollte der Betrieb mehrere Fotos von bisherigen Bau-/Sanierungsprojekten aufführen. Ist dies nicht der Fall, so entscheiden Sie sich zur Durchführung der Sanierungsarbeiten am besten für einen anderen kleinen Betrieb oder ein Großunternehmen.

Tipp # 4: Regelmäßig mit denselben Firmen zusammenarbeiten

Einige Immobilienhändler und Vermieter kaufen und sanieren Immobilien in ihrer Umgebung. Beispielsweise könnte sich ein Händler entscheiden, nur in Immobilien im Umkreis von 50 bis 100 km von seinem Wohnort zu investieren. Diese örtliche Gebundenheit hat zwar den Nachteil, dass die Menge der potenziellen Investitionsobjekte geringer ist als bei einer Investition in Immobilien in ganz Deutschland, doch gleichzeitig hat die örtliche Gebundenheit einen zentralen Vorteil: Sie bauen sich über die Jahre einen **festen Kreis an Dienstleistern** auf, mit denen Sie **bei jedem Investitionsobjekt zusammenarbeiten**.

Die Kooperation mit denselben Firmen hat zum einen den Vorteil, dass Sie auf die Qualität der Dienstleistungen vertrauen können. Zum anderen haben Sie meist dieselben Ansprechpartner und kennen die Personen in den Firmen persönlich. Für gewöhnlich erteilen Firmen ihren **regelmäßigen Partnern und Auftraggebern kleine Rabatte** oder kalkulieren die Preise für kleinere Dienstleistungen nicht ein, weil sie darauf vertrauen können, dass sie mit dem Immobilieninvestor eine langfristige Partnerschaft haben werden, die ihnen noch reichlich Profit bescheren wird.

Auch wenn bei der engsten Zusammenarbeit die Betriebe zum Beispiel die gestiegenen Materialkosten und einige weitere Kostenfaktoren an die Kunden weitergeben müssen, gibt es trotzdem einige Einsparpotenziale. Diese reichen Betriebe bei einer engen und regelmäßigen Zusammenarbeit gern an ihre vertrauten Kunden weiter. Vor allem bei großen Sanierungsprojekten (z. B. Wohnblöcke, Mehrfamilienhäuser) können sich über die Jahre beachtliche Ersparnisse im fünfstelligen Bereich ansammeln.

Tipp # 5: Kontakte knüpfen und nutzen

Dieser Tipp ist vor allem für Immobilienhändler und Vermieter wichtig. Wer mehrere Jahre lang in Immobilien investiert und damit einen großen Teil seines Einkommens erwirtschaftet, sollte in das Knüpfen von Kontakten Zeit investieren. Hiermit sind nicht nur die Kontakte gemeint, die in Tipp # 4 Anklang fanden: Handwerker, Maurer, Architekten und weitere an der Sanierung beteiligte Personen. Dieser **fünfte Tipp dehnt das Knüpfen von Kontakten auf die gesamte Immobilienbranche aus, das heißt auf:**

- andere Immobilienhändler und Vermieter
- Anwälte, Notare und weitere Rechtsexperten
- Beamte, Politiker und andere Personen im Dienste des Staates
- Influencer mit Expertise im Immobilienbereich
- Personen aus Immobilienvertrieben und -unternehmen
- Verwalter und Hausmeister

Diese und weitere Personen verfügen in Bezug auf bestimmte Aspekte von Immobilien über Know-how. Je mehr Sie von diesen Personen persönlich kennen und bei Fragen oder Unklarheiten kontaktieren können, desto größer könnte der Nutzen für Sie sein. Die **genannten Kontaktpersonen sind beispielsweise bei der Kalkulation des Sanierungsaufwands eine Hilfe**: Nahezu jede Person, die in der Immobilienbranche tätig ist, kennt andere Personen, auf die das ebenfalls zutrifft. So ergibt sich über die Personen und deren

Bekannte ein umfassendes Netzwerk aus Kontakten innerhalb der Immobilienbranche. Sie haben die Möglichkeit, durch das Knüpfen von Kontakten dieses Netzwerk auf- und auszubauen.

Je größer Ihr Netzwerk ist, umso mehr Spielräume haben Sie als Immobilienhändler und Vermieter. Sie könnten beispielsweise Informationen über bevorstehende Gesetzesanpassungen aus erster Hand erfahren. Falls diese Gesetzesanpassungen Auswirkungen auf Pflichten und Kosten von Sanierungen hätten, könnten Sie dies in Ihren Sanierungsplanungen berücksichtigen und ggfs. Kostenvorteile davontragen.

Eine weitere Möglichkeit bei einem großen Netzwerk mit Kontakten innerhalb der Immobilienbranche: Es ist sehr wahrscheinlich, dass **Ihre Kontakte Handwerker, Maurer und sonstige in eine Sanierung involvierte Gewerke kennen**. Durch eine Zusammenarbeit mit den Gewerken auf Empfehlung Ihrer Kontakte hin können Sie eventuell die Sanierungsmaßnahmen günstiger umsetzen lassen, da Sie **von den Rabatten Ihrer Bekannten profitieren**.

Nun eine der entscheidenden Fragen: Wie knüpfen Sie am effizientesten neue Kontakte in der Immobilienbranche? Am besten knüpfen Sie Kontakte an Orten, die dazu geschaffen sind: **Messen und Veranstaltungen**. Sie müssen hierfür nicht zwingend eine Messe besuchen, die zu Ihrer Tätigkeit (z. B. Vermietung, Fix & Flip) passt. Besuchen Sie als Vermieter beispielsweise Veranstaltungen für Immobilienmakler, um Ihren Horizont in der Immobilienbranche zu erweitern und gegebenenfalls **Tipps für die nächste Mietersuche** zu gewinnen.

Tipp # 6: Verhandeln Sie!

Manchmal bestehen noch Spielräume für Verhandlungen, durch die Sie günstigere Konditionen bei Sanierungen erwirken. Dabei müssen die Verhandlungen mit Handwerkern nicht zwingend dazu führen, dass der Preis für die Dienstleistungen sinkt. Sinn und Zweck von Verhandlungen kann auch sein, den besprochenen Preis möglichst verbindlich festzuhalten, um unerwarteten Kosten und Preissteigerungen im Nachhinein vorzubeugen.

Die verbindliche Fixierung eines Preises ist ein großer Vorteil, denn nicht selten nutzen Handwerker im Zuge der Sanierung oder nach der Sanierung Schlupflöcher aus, um eine höhere Vergütung zu verlangen. Dies kann eine im Vorhinein als kosteneffizient erachtete Sanierung nachträglich zu einer Kostenfalle machen.

Wenn Sie, wie in Tipp # 3 empfohlen, die Angebote mehrerer Unternehmen vergleichen, können Sie bei den anschließenden Preisverhandlungen eventuell die **Unternehmen gegeneinander ausspielen**. So könnte das funktionieren:

- Sobald Ihnen der Kostenvoranschlag vorliegt, haben Sie ein Dokument, das auf handfeste Weise belegt, dass beispielsweise Betrieb X die besprochenen Dienstleistungen zum Preis Y erbringt.
- Sollten Sie ein etwas teureres Angebot eines anderen Betriebs Z vorliegen haben, dann zeigen Sie Ihrem Ansprechpartner bei Betrieb Z, dass Betrieb X die Leistungen günstiger anbietet. Eventuell wird sich Betrieb Z zu einer Senkung des Preises bewegen lassen und die Leistung günstiger als Betrieb X anbieten.
- Mit diesem geringeren Kostenvoranschlag könnten Sie nun wiederum den Betrieb X kontaktieren und dort eine Senkung des Preises erwirken.

Je mehr Kostenvoranschläge von verschiedenen Unternehmen Sie haben, umso besser können Sie die Unternehmen gegeneinander ausspielen sowie eine Senkung des Preises erwirken. Aber Vorsicht: Kommen Sie keinesfalls auf die Idee, diese Verhandlungsstrategie mehr als einmal bei einem Betrieb durchzuführen. Die Masche würde auffallen und könnte dazu beitragen, dass Sie am Ende komplett ohne einen Dienstleister dastehen und von Neuem nach Handwerksbetrieben für die Sanierung suchen müssen.

> *Hinweis!*
>
> Versuchen Sie nicht, ohne Argumente zu verhandeln! Eine Aussage, bei der Sie lediglich damit argumentieren, dass Sie die Preise teuer finden, bringt Ihnen nichts. Falls Sie günstigere Kostenvoranschläge anderer Unternehmen vorlegen können, handelt es sich um einen handfesten Beleg – so lassen Betriebe eventuell mit sich verhandeln. Sollten Sie fachliche Erfahrungen haben und argumentieren oder sogar beweisen können, wieso eine Dienstleistung günstiger sein sollte (z. B. die Tapete und der Teppich lassen sich besonders schnell entfernen, da sie kaum kleben), stoßen Sie bei Verhandlungen viel eher auf offene Ohren. Ihr Verhandlungserfolg hängt demnach von möglichst überzeugenden Argumenten ab.

Abgesehen von der Relevanz, die gute Argumente für Ihren Verhandlungserfolg haben, gibt es einige **Grundprinzipien, die Sie bei Verhandlungen idealerweise immer berücksichtigen**. Falls Sie diese einhalten, steigen Ihre Chancen auf einen möglichst attraktiven Preis. Diese Grundprinzipien sind auf der Website handwerk.com (2010) aufgeführt:

1. Keine finanziellen Schmerzgrenzen verraten.
2. Nicht das erste Angebot machen. (Bei diesem Aspekt sind Sie als Immobilieneigentümer im Vorteil, denn das erste Angebot macht üblicherweise der Betrieb oder Handwerker.)
3. Konkrete Zahlen nennen und die Angabe von Preisspannen vermeiden. (Ihr Verhandlungspartner wird innerhalb der Spanne meist zum höheren Preis tendieren.)
4. Nicht voreilig Zugeständnisse machen und klein beigeben, sondern – idealerweise mit Argumenten – die eigene Position verteidigen.
5. Stets höflich bleiben.
6. Das erste Angebot nicht sofort annehmen und auch nicht vorschnell Zufriedenheit mit dem Angebot signalisieren.
7. Fragen stellen und das Gespräch durch die Fragen im eigenen Sinne leiten.

Sie haben bisher mehrere Tipps zur Preisverhandlung erhalten. Teil der Verhandlungen ist neben dem Preis außerdem die Formulierung des Vertrags. Lesen Sie sich beim **Kostenvoranschlag** durch, ob dieser **verbindlich oder unverbindlich** ist. Ein verbindlicher Kostenvoranschlag hätte für Sie den Vorteil, dass der Preis sich nicht verändern könnte. Stellen Sie vor der Bitte um einen Kostenvoranschlag außerdem sicher, dass dieser für Sie kostenfrei ist.

Hinweis!

Bei einem unverbindlichen Kostenvoranschlag darf der Handwerksbetrieb den Preis für seine Arbeit im Nachhinein um 15 bis 20 % erhöhen, sofern er dies begründen kann (z. B. höherer Materialaufwand als erwartet).

Halten Sie, falls es zur Zusammenarbeit kommt, im Vertrag eine verbindliche Maximalsumme für die Arbeiten, einen Termin für die Fertigstellung und außerdem alle zu erledigenden Arbeiten fest. Seien Sie bei der Auflistung der Dienstleistungen penibel, denn auch wenn es sich um offensichtliche Arbeiten handelt: **Was nicht im Vertrag steht, kostet Sie zusätzliches Geld.**

Tipp # 7: Sinnvolle Reihenfolge der Sanierungsarbeiten festlegen

Die Handwerker rücken um 07:30 Uhr zum Dienst an. Sie packen ihre Siebensachen aus und richten die Baustelle ein. Unmittelbar vor Beginn der Arbeit schließen sie ihre Geräte an die Steckdosen an, schalten die Geräte an und – nichts geschieht. Die Elektrofachkraft kümmert sich erst in zwei Wochen um die Elektroinstallation im gesamten Haus. Bis dahin ist kein Strom verfügbar.

Auch wenn dieses Beispiel einen grob fahrlässigen Fehler beschreibt, kommt es vereinzelt zu solchen und ähnlichen Fällen, bei denen auf der Baustelle offensichtliche Fehler unterlaufen. Die **Verfügbarkeit von Strom ist auf der Baustelle die wichtigste Maßnahme.** Sollte kein Strom vorhanden sein, kann der Großteil der Gewerke seiner Arbeit nicht nachgehen. Trotzdem müssen Sie die Gewerke für die Arbeit bezahlen, da der Betrieb seine Mitarbeiter an dem Tag für Ihre Baustelle abgestellt hat. Solche Planungsfehler Ihrerseits machen die Sanierung unnötig kostenintensiv.

Kümmern Sie sich daher beim Sanierungsplan darum, dass **als Erstes die Elektroinstallation saniert** wird, falls Maßnahmen an der Elektrik erforderlich sind. Sollte während der Sanierungsarbeiten durch andere Gewerke an zum Beispiel zwei Tagen kein Strom verfügbar sein, weil die Elektrofachkraft etwas nachbessert, dann kommunizieren Sie dies früh gegenüber den Gewerken, damit die Gewerke die Sanierungsarbeiten an diesen Tagen unterbrechen.

Abgesehen von der Elektrik existieren weitere Sanierungsmaßnahmen, die Sie **vorzeitig einleiten** sollten. Hierzu zählt die **Anfertigung individueller Elemente,** wozu insbesondere die Fenster und Türen gehören. Da die Maßanfertigung und Lieferung aller benötigten Fenster sowie Türen bis zu zwei Monate dauern kann, sollten Sie deren Herstellung früh in Auftrag geben. Ehe Sie die Betriebe mit der Herstellung beauftragen, müssen Sie allerdings schon mit anderen Gewerken die Abmessungen der Fenster und Türen genau besprochen haben, damit diese das Mauerwerk exakt auf die Größe der Fenster und Türen abstimmen können. Falls sich am Grundriss der Immobilie durch die Sanierung nichts ändert, können Sie die Immobilie von den Herstellern und/oder Monteuren besichtigen und Maße für die Fenster sowie Türen nehmen lassen. Sollte jedoch eine Änderung am Grundriss der Immobilie stattfinden und die Fenster oder Türen würden nicht passen, dann müssten Sie die Elemente neu anfertigen lassen – ebenfalls eine Kostenfalle bei der Sanierung!

Indem Sie die Reihenfolge der **Sanierungsarbeiten von vornherein sinnvoll planen und dabei alle Eventualitäten berücksichtigen,** beugen Sie Ungereimtheiten vor. Sollte es dazu kommen, dass einer der Betriebe zu Ihnen kommt, aber aufgrund des fehlenden Stroms oder anderer Probleme nicht arbeiten kann, dann müssten Sie die Kosten für die Anfahrt der Angestellten und eventuell sogar für die Inanspruchnahme von deren Arbeitszeit zahlen. Sparen Sie daher, indem Sie von vornherein richtig planen!

Tipp # 8: Zu verschenken?

Des Öfteren finden sich im Internet Inserate mit Bauteilen oder anderem Material, das zu verschenken ist. Die Inserate sind auf gängigen Plattformen wie *eBay*, *eBay-Kleinanzeigen* und in den *Schwarzen Brettern* zu finden. Bei den *Schwarzen Brettern* handelt es sich um Websites, auf denen staatliche Einrichtungen über verschiedene Themen oder Veranstaltungen informieren. Darüber hinaus haben Privatpersonen die Möglichkeit, auf diesen Websites Anzeigen zu schalten.

Sie finden das *Schwarze Brett* für Ihre Stadt, indem Sie bei Ihrer Google-Suche „Schwarzes Brett" und dann die jeweilige Stadt als Stichwort angeben. Dann dürften die oberen Suchergebnisse zur richtigen Website führen. Sie klicken auf die URL und müssen sich gegebenenfalls noch zur Kategorie „Inserate" durchklicken oder Sie nutzen die Suchfunktion auf der Website und geben dort das Schlagwort „zu verschenken" ein. Dann schauen Sie, ob unter den Sachen, die verschenkt werden, etwas Passendes für Ihre Sanierung zu finden ist.

Auf *eBay* und *eBay-Kleinanzeigen* ist die Kategorie „zu verschenken" in der Regel prall gefüllt, jedoch oft mit Dekorationsgegenständen oder mit Möbeln. Manchmal finden sich **Inserate, bei denen Materialien, die für Sanierungen infrage kommen, verschenkt werden**. Da die Standorte der Anbieter quer über Deutschland verteilt sind, ist bei jedem Inserat abzuwägen, ob sich die Fahrzeit und der Transportaufwand lohnen. Wenn Sie beispielsweise zur Abholung von zu verschenkendem Dämmmaterial eine Strecke von 500 km zurücklegen müssen, ist der Kosten-Nutzen-Faktor denkbar schlecht. Eine Grundregel lautet: Der Wert dessen, was zu verschenken ist, sollte stets den Aufwand für die Abholung und für den Transport rechtfertigen.

Beobachtet man über mehrere Monate oder Wochen, welche für die Sanierung potenziell relevanten Materialien und Dinge in den Kategorien „zu verschenken" inseriert werden, dann **stößt man häufig auf folgende Angebote**:

- Zäune
- Dämmmaterialien
- Böden
- Fenster und Türen
- Beton, Kleber und andere Gemische oder Flüssigkeiten
- Farbe (z. B. zum Streichen von Wänden)
- Werkzeug

Gelegentlich sind diese Dinge in einem guten Zustand. Manchmal möchten die Personen, die ihre Materialien verschenken, als Gegenleistung, dass diese von Ihnen abgebaut werden. Diese Gegenleistung ist sogar gut für Sie, weil Sie beispielsweise beim Abbau eines Zauns oder eines Bodens darauf Rücksicht nehmen können, dass der **Abbau vorsichtig** verläuft und die **Teile in einem guten Zustand** verbleiben.

Es ist möglich, dass sich unter den Materialien und Bauelementen, die verschenkt werden, zudem manch ein Prachtstück befindet: Hin und wieder werden alte Dielenböden verschenkt, die lediglich geschliffen und lackiert werden müssen, um wieder wie neu auszusehen und den Boden eines Raumes um den natürlichen Charme des Vollholzes zu bereichern. Selten findet sich unter den Inseraten „zu verschenken" sogar eine Sauna – betrachtet man die Anschaffungskosten für Saunen, so kann eine verschenkte Sauna Ihnen aber durchaus eine vierstellige Ersparnis einbringen.

Zu berücksichtigen ist natürlich, dass es **unwahrscheinlich ist, ausreichend Baumaterialien für die komplette Sanierung zu finden**. Dies führt dazu, dass z. B. in einem Raum der verschenkte Dielenboden verlegt ist, während sich in den anderen Räumen ein neuer Bodenbelag aus anderem Material befindet. Sollte es für Sie kein Problem sein, dass die bei der Sanierung verwendeten Materialien unterschiedlich sind, dann bilden verschenkte Materialien und Bauelemente eine gute Option, um die Sanierung zumindest etwas kosteneffizienter zu machen.

Tipp # 9: Lagerbestände von Baufirmen nutzen

Vor der Sanierung können Sie sich bei den Baufirmen, die bei Ihnen die Sanierung durchführen, erkundigen, inwiefern diese Lagerbestände haben, die als Materialien für die Sanierung anwendbar sind.

Der Hintergrund dieses Ratschlags ist folgender: **Von früheren Aufträgen haben einige Baufirmen Restbestände.** Diese Restbestände können die Firmen nirgendwo verwenden, weil die meisten Bauherren andere Materialien benötigen oder die Nutzung von Lagerbeständen bei ihrer Immobilie ablehnen. Der Großteil der Bauherren möchte nämlich eine Immobilie, bei der sämtliche Bauteile zueinander passen bzw. sich gut ins Gesamtkonzept der Sanierung einfügen. Mit dem Gedanken, eine Immobilie mit zwei verschiedenen Arten von Fenstern oder Türen zu haben, nur um die Sanierung kosteneffizienter umzusetzen, können sich die meisten Bauherren nicht anfreunden.

Sollten Sie der Verwendung von Lagerbeständen offener gegenüberstehen, so können Sie einiges an Geld sparen. **Baufirmen gewähren teilweise bis zu 50 % Preisnachlass,** um Lagerbestände, mit denen sie seit Jahren nichts anfangen können, an neuen Baustellen zu verwerten. Dadurch machen Baufirmen – je nach Höhe des Preisnachlasses – immerhin einen kleinen Gewinn oder einen geringeren Verlust an den im Lager befindlichen Baumaterialien und bekommen den Platz im Lager frei.

Es kann **alle möglichen Arten von Lagerbeständen** geben: von Dämmmaterialien über Bodenbeläge bis hin zu Fenstern, Türen, sogar Türklinken oder noch kleineren Elementen. Im Ratgeber *Kostengünstig bauen – Schäden vermeiden* (2005) führen Oswald, Kottjé und Sous ein Beispiel für die Nutzung von Lagerbeständen auf. Darin erwähnen sie die Verwendung von Fenstern mit Rollladenführungsschienen, obwohl keine Rollläden oder Rollladenkästen montiert waren. Offensichtlich stimmten die Bauherren der Verwendung von Fenstern mit Rollladenführungsschienen zu, obwohl sie keine Rollläden haben wollten. Die Fenster haben folglich als einen Makel einzig die optische Seltsamkeit, dass ungenutzte Rollladenführungsschienen vorhanden sind. Diese optische Seltsamkeit nimmt den Fenstern jedoch weder deren Funktionstüchtigkeit noch deren Langlebigkeit.

Wie sich an diesem Beispiel zeigt, muss die Verwendung von Lagerbeständen keineswegs dazu führen, dass fünf oder sechs verschiedene Fenster verbaut werden. Es gibt durchaus Baufirmen, die zahlreiche einheitliche Türen, Fenster, Böden und sonstige Bauelemente haben, aber diese Elemente einen Mangel oder eine optische Kuriosität aufweisen. In einigen Fällen sind diese Mängel oder Kuriositäten nicht zwingend auf den ersten Blick erkennbar, was umso mehr für die Nutzung von Lagerbeständen von Baufirmen für die eigene Sanierung spricht.

Zu beachten ist bei diesem Tipp, dass dieser **zwingend vor der Sanierung mit den Baufirmen besprochen werden muss.** Die Bauteile, die die Baufirmen auf Lager haben, besitzen nämlich Abmessungen, an die die Sanierung angepasst werden muss. Sollte die Baufirma also Fenster mit Rollladenführungsschienen, aber ohne Rollläden haben, und Sie sollten diesen Mangel akzeptieren, dann ist es wichtig, im Rahmen der Sanierung das Mauerwerk so anzupassen, dass die Fenster darin Platz finden. Womöglich sind die Anpassungen am Mauerwerk derart kostspielig, dass sich die Verwendung der Lagerbestände bei Ihrer Immobilie nicht lohnt. Deshalb sind die Möglichkeiten zur Nutzung von Lagerbeständen stets vor der Sanierung zu eruieren.

Tipp # 10: Beauftragung von Firmen und Arbeitern aus dem Ausland

Dieser Tipp ist aus gutem Grund am Ende des Kapitels platziert: Sie haben bei der Beauftragung von Firmen und Arbeitern aus dem Ausland zwar **enorme Einsparpotenziale**, jedoch gehen Sie **in Bezug auf die Qualität der Sanierung unter Umständen ein hohes Risiko** ein. Der Nimbus des Labels „Made in Germany" ist bis zu einem gewissen Grad berechtigt: Im Vergleich zu zahlreichen EU-Staaten ist die Qualität bei Sanierungen durch deutsche Unternehmen weitaus höher, weil die Vorschriften hierzulande umfassender sind und bei der Ausbildung der Bauarbeiter hohe qualitative Richtlinien gelten. Das bedeutet allerdings nicht, dass es nicht auch im Ausland fähige Arbeitskräfte und Unternehmen gibt. Doch wie finden Sie diese?

Hilfreich ist für Sie auf der Suche nach guten ausländischen Handwerkern und Firmen, wenn Sie **Tipp # 5 in diesem Kapitel berücksichtigen: Kontakte knüpfen und nutzen.** Jeder Immobilienunternehmer oder Vermieter, der bereits mehrere Immobilien saniert hat, könnte mindestens einmal Erfahrungen mit ausländischen Baufirmen oder einzelnen ausländischen Arbeitern gemacht haben. Insbesondere ausländische Immobilienunternehmer oder Vermieter sind unter diesem Blickpunkt ein wertvoller Kontakt. Erkundigen Sie sich bei Ihren Kontakten, ob diese Ihnen eine Firma oder einen Arbeiter aus dem Ausland empfehlen können.

Abgesehen davon ist es möglich, dass Sie **selbst eine fremde Sprache beherrschen und dadurch im Ausland Kontakte knüpfen** können. Reisen Sie daher auch zu Veranstaltungen, Messen und Treffen mit Immobilienhändlern und Vermietern im Ausland. Diese werden aller Voraussicht nach seriöse Unternehmen und Handwerker bei sich im Land kennen und Ihnen gute Empfehlungen für die Durchführung von Sanierungen an Ihrer Immobilie aussprechen.

Trotz des Sparpotenzials gilt für Tipp # 10 die übergeordnete Regel: Sollten Sie auch nur den geringsten Zweifel an der Qualität eines Unternehmens und an dessen Dienstleistungen haben, dann verwerfen Sie diesen Tipp, denn sollte bei der Zusammenarbeit nicht alles nach Plan laufen, so ist es – vor allem bei Firmen und Handwerkern außerhalb der EU – denkbar schwierig bis unmöglich, sein Recht vor Gericht durchzusetzen.

Hinweis!

Im Zusammenhang mit Förderungen (siehe nächstes Kapitel) sollten Sie ausschließlich mit deutschen Baufirmen, Handwerkern und Experten zusammenarbeiten. Diese kennen sich mit den Richtlinien der Förderungen in Deutschland aus und halten die gesetzlichen Auflagen zum Erhalt der Förderungen ein, während ausländische Dienstleister mit den deutschen Förderrichtlinien und Gesetzen verständlicherweise gar nicht oder nicht ausreichend vertraut sind.

Unter langfristigem Blickwinkel sanieren: 10 Tipps für eine günstige Zukunft

Bei der Sanierung von Immobilien vorausschauend zu handeln, bedeutet, künftige Entwicklungen und Anforderungen rund um die Immobilienwirtschaft zu berücksichtigen. Begrüßenswert ist unter einem langfristigen Blickwinkel beispielsweise die Durchführung von Sanierungsmaßnahmen, im Zuge derer die Immobilie **altersgerecht umgebaut** oder **energetisch modernisiert** wird. Für die meisten altersgerechten Umbauten, energetischen Modernisierungen und den Einbau von Anlagen zur Erzeugung erneuerbarer Energien erhalten Sie **finanzielle Förderungen zu guten Konditionen**, durch die sich eine wesentlich kosteneffizientere Sanierung ergibt.

Eine altersgerechte Immobilie ist für Eigennutzer, Vermieter und Immobilienhändler vorteilhaft. Als Eigennutzer profitieren Sie davon, auch bei körperlichen Gebrechen im hohen Alter in Ihrem Zuhause wohnen bleiben zu können, ohne dann altersgerechte Sanierungen durchführen zu müssen. Vermieter und Händler erweitern durch den altersgerechten Umbau die Zielgruppe, an die Sie die Immobilie vermieten bzw. verkaufen können.

Um auch ein Beispiel für den Einbau von Anlagen zur Erzeugung erneuerbarer Energien anzuführen: Falls im Zuge der Sanierung ohnehin das gesamte Heizsystem ausgewechselt werden muss, lassen sich die erforderlichen Sanierungsmaßnahmen z. B. mit dem Einbau einer Wärmepumpe kombinieren. Angesichts der Tatsache, dass energetische Modernisierungen finanziell noch besser als altersgerechte Umbauten gefördert werden, ist der Einbau einer Wärmepumpe umso lukrativer.

An dieser Stelle ist einzuräumen, dass die Entscheidung für altersgerechte Umbauten und energetische Modernisierungen die Kosten der Sanierung in den meisten Fällen erhöht. Beispielsweise ist es in der Regel kurzfristig kosteneffizienter, eine vorhandene Heizung wieder instand zu setzen, anstatt ein komplett neues Heizsystem auf Basis erneuerbarer Energien zu installieren. Doch diese Einschätzung betrifft nur den Moment: Blicken Sie stattdessen 10 oder 15 Jahre in die Zukunft, werden Sie feststellen, dass sich durch die Energieeinsparungen in den Folgejahren die Mehrkosten für die Errichtung einer neuen Heizanlage refinanziert haben und Sie durch die geringeren Nebenkosten der Immobilie einen Gewinn machen.

<u>Los geht's!</u>

Die folgenden 10 Tipps für mehr Kosteneffizienz bei der Immobiliensanierung sind vor allem unter langfristigem Blickwinkel zu begreifen. Sie haben durch die energetischen Modernisierungen sowie die Errichtung von Anlagen zur Erzeugung erneuerbarer Energien zunächst höhere Sanierungskosten, aber **sparen langfristig, weil Sie die laufenden Kosten Ihrer Immobilie senken**.

Sie kombinieren durch die Tipps in diesem Kapitel die Sanierung mit einer qualitativen Aufwertung Ihrer Immobilie und machen die Immobilie dadurch zukunftssicherer, da beispielsweise durch die Nutzung erneuerbarer Energien zum Heizen die Abhängigkeit von der Verfügbarkeit von Rohstoffen sinkt. Durch Sanierungsmaßnahmen, die langfristig sinnvoll sind, tragen Sie außerdem zur **sofortigen Wertsteigerung Ihrer Immobilie** bei.

Wie Sie die Sanierungen mit einer Aufwertung der Immobilie kombinieren und diese dadurch langfristig kosteneffizient gestalten, entnehmen Sie den folgenden 10 Tipps. In diesem Kapitel wird außerdem auf verschiedene Förderprogramme, die Wahl der Materialien für die Sanierung und die regelmäßige Kontrolle des Sanierungsbedarfs eingegangen.

Tipp # 1: Sanierungsbedarf regelmäßig kontrollieren

Zu vielen Sanierungsfällen muss es gar nicht erst kommen. Bei **regelmäßigen Kontrollen an Ihrem Objekt** fällt Ihnen früh auf, wo gegebenenfalls eine Reparatur erforderlich ist. Falls Sie zum Beispiel am Balkon kleine feuchte Stellen bemerken, dann nehmen Sie diese von vornherein ernst. Sie vermeiden durch die richtigen Gegenmaßnahmen, dass aus der kleinen Stelle mit Feuchtigkeitsansammlungen irgendwann größere Pfützen entstehen, von denen aus die Feuchtigkeit ins Mauerwerk dringt und Schimmel entstehen lässt.

Ein möglicher Grund für Pfützen auf dem Balkon ist ein unpassend ausgelegtes Gefälle des Balkonbodens. Das Gefälle kann bereits beim Balkonbau unpassend ausgelegt worden sein oder mit der Zeit durch die Abnutzung des Bodens unpassend geworden sein. Kontaktieren Sie einen Fachmann. Dieser kann den Balkonboden für gewöhnlich innerhalb eines Tages mit einem Belag, der ein angemessenes Gefälle hat, ausstatten.

Abgesehen vom Balkon besteht eine Reihe weiterer Elemente in einer Immobilie, die einer regelmäßigen Kontrolle bedürfen. In seinem Immobilien-Ratgeber *Die erste Immobilie fachmännisch kaufen, verwalten, verkaufen* (2021) schlägt Jürgen Berreth **folgende Intervalle für Kontrollen und Maßnahmen an der Immobilie** vor:

- alle 6 Monate Dachentwässerung
- alle 12 Monate Kontrolle der Dachanschlüsse, Heizkessel und offenen Holzkonstruktionen
- alle 12 Monate Schornstein, Fassadenputz und -anstrich, Hoffenster und Türen kontrollieren
- alle 5 Jahre Heizkörper und Rohrleitungen prüfen
- alle 10 Jahre Kontrolle von: Innenputz, Lichtschacht, Fliesen, Keramik und Parkett

Neben der Dachentwässerung und den vorgeschlagenen Kontrollen gibt es mehrere kleine Maßnahmen, die ebenfalls dabei helfen, kostspieligen Sanierungen aus dem Weg zu gehen. Beispielsweise ist die **Überprüfung der Regenrinne an regnerischen Tagen und im Herbst** sehr wichtig. In der Regenrinne festsitzendes Laub kann das Abfließen des Wassers verhindern, woraufhin das Wasser aus der Regenrinne überläuft und schlimmstenfalls das Mauerwerk stark anfeuchtet.

Im Grunde genommen sollten Sie einfach nur ein Auge offenhalten, ob an der Immobilie alles ordnungsgemäß aussieht und funktioniert. Sollten Sie einen Zweifel haben oder etwas Seltsames bemerken, was beispielsweise auch ungewöhnliche Gerüche sein können, dann kontaktieren Sie schnellstmöglich einen Experten, sodass dieser die Immobilie genauer betrachtet.

Trotz regelmäßiger Kontrollen und kleinerer Arbeiten zur Behebung von Mängeln passiert es früher oder später, dass

Teile der Immobilie ausgetauscht oder erneuert werden müssen. Wenn Sie die **Austauschintervalle möglichst lang halten** möchten, dann wählen Sie am besten Heizkörper, Türen, Innenputze, Bodenbeläge sowie weitere **Bau- und Ausstattungselemente aus hochwertigen Materialien** für Ihre Immobilie. Dies erhöht zwar die Anschaffungskosten, allerdings müssen Sie dann über einen längeren Zeitraum die Elemente nicht mehr austauschen. Mehr zur Wahl langlebiger Materialien erfahren Sie in Tipp # 9 in diesem Kapitel.

Falls Sie die Immobilie schnellstmöglich und kostengünstig sanieren lassen möchten, um sie direkt vermieten oder weiterverkaufen zu können, dann ist es besser, auf kostengünstigere Materialien zurückzugreifen, wobei hier zu beachten ist, dass dies den Wert der Immobilie senkt.

Die **üblichen Austauschintervalle für verschiedene Bestandteile der Immobilie** lauten wie folgt:

- Erneuerung der Fassade/des Fassadenputzes: spätestens alle 20 Jahre
- Austausch von Fenstern und Türen: spätestens alle 25 bis 40 Jahre
- Sanierung des Dachs: spätestens alle 50 Jahre
- Austausch der Dachrinne: spätestens alle 25 Jahre
- Wechsel der Tapete: spätestens alle 15 Jahre
- Austausch der Böden: bei Teppich spätestens alle 10 Jahre, bei Kunststoff spätestens alle 20 Jahre und bei Parkett spätestens alle 50 Jahre (zwischendurch sind allerdings das Abschleifen und die Neuversiegelung des Parketts erforderlich)
- Wartung der Elektroinstallation: spätestens alle 20 Jahre
- Überholung des Heizsystems: spätestens alle 20 bis 30 Jahre (Sparkasse, 2023)

Die genannten Austauschintervalle dienen Ihnen lediglich zur groben Orientierung, um zu wissen, wann Ihre Immobilie einer bestimmten Erneuerung bedarf. Sie können diese **Austauschintervalle auch als Hilfestellung nutzen, um die Sanierungskosten zu kalkulieren** – also als Unterstützung zu einigen Tipps aus dem ersten Kapitel. Um ein Beispiel hierfür zu nennen: Wenn Sie bei der Besichtigung der Immobilie das Dach prüfen und feststellen, dass dieses zwar gut aussieht, aber bereits 45 Jahre alt ist, können Sie bei den Preisverhandlungen für die Immobilie auf das Alter des Daches und eine wahrscheinlich bald notwendige Sanierung verweisen. Auch wenn der Verkäufer der Immobilie dann keine Verhandlungsbereitschaft beim Kaufpreis zeigen sollte, sind Sie gut damit beraten, die Kosten für die Sanierung des Dachs in Ihre Sanierungskalkulation aufzunehmen.

Tipp # 2: Altersgerechte Sanierungen und Umbauten kosteneffizient durchführen

Für je mehr Mieter oder Käufer eine Immobilie infrage kommt, umso besser sind Ihre Chancen, diese erfolgreich zu vermieten bzw. zu verkaufen. Ein großer Bevölkerungsanteil in Deutschland besteht – unter anderem aufgrund des demografischen Wandels und der steigenden Lebenserwartung – aus Personen, die 50 Jahre und älter sind.

Ab einem gewissen Alter sinkt die körperliche Leistungsfähigkeit, was zuvor simple Aktivitäten wie das Treppensteigen erschweren kann. Durch eine altersgerechte Sanierung oder einen altersgerechten Umbau der Immobilie erweitern Sie die Zielgruppe an Mietern und Käufern. Sollten Sie die Immobilie selbst nutzen, dann tun Sie auch sich selbst mit Blick auf die Zukunft einen Gefallen, wenn Sie eine Immobilie altersgerecht sanieren.

Kleine Maßnahmen mit großer Wirkung: So gelingt Kosteneffizienz bei altersgerechten Umbauten

Neben dem viel zitierten Einbau eines Treppenlifts umfasst die altersgerechte Sanierung eine Reihe weiterer Maßnahmen, die weniger kosten als die Treppenliftinstallation und die auch für jüngere Personen komfortabel sind. Sollte eine Treppe so eng sein, dass Sie selbst dort kaum Bewegungsfreiraum haben, dann ist dies für Sie und erst recht für ältere Personen unkomfortabel. Erweitern Sie die Treppe und stellen Sie nach Möglichkeit sicher, dass auch genügend Platz für den Transport von Möbeln vorhanden ist. Davon profitieren sowohl ältere Personen als auch jüngere Menschen. Statten Sie die Treppe außerdem auf beiden Seiten mit Handläufen aus, damit sich Personen festhalten können. Ein rutschhemmender Stufenbelag erweist sich ebenfalls als vorteilhaft. (Burk, 2009) Dies wären Beispiele für den altersgerechten Umbau eines Treppenhauses, die für nahezu alle Mieter und potenzielle Immobilienkäufer von Vorteil sind. Wenn Ihnen der Treppenlift zu aufwendig und kostspielig ist, wäre die Treppenraupe eine Alternative.

Im Rahmen des altersgerechten Umbaus gibt es diverse kleine Anpassungen, die leicht durchführbar sind, aber die Attraktivität der Immobilie für ältere Mieter oder Käufer beträchtlich steigern. Hierzu gehört beispielsweise die Installation einer altersgerechten Sprechanlage mit Spezialfunktionen beim Hauszugang. Wenn Sie den Balkon sanieren, dann stellen Sie sicher, dass keine Schwelle zwischen dem Zimmer und der Balkontür vorhanden ist. Manchmal ist es allein die Schwelle zum Balkon, die der Vermietung oder dem Verkauf einer Wohnung an einen Haushalt mit einer älteren Person im Wege steht.

Finanziellen Aufwand bei größeren Umbauten und Sanierungen mindern

Wenn Sie eine Sanierung durchführen lassen müssen, haben Sie ohnehin einen finanziellen Aufwand. Sie müssen somit nur noch für sich selbst entscheiden, ob die Zusatzkosten eines altersgerechten Umbaus im Verhältnis zu einer gewöhnlichen Sanierung in einem vertretbaren Rahmen liegen. Bedenken Sie hierbei: Für altersgerechte Umbauten und Sanierungen bestehen **staatliche Förderungen und zinsgünstige Kredite**, die Sie als Vermieter oder Immobilieneigentümer in Anspruch nehmen können.

Hinweis!

Die Kreditanstalt für Wiederaufbau (KfW) in Deutschland fördert den altersgerechten Umbau mit Krediten. Förderfähig sind beispielsweise Maßnahmen wie die Verbreiterung von Gehwegen bei der Immobilie, der Einbau einer Aufzugsanlage, die Schaffung größerer Räume für mehr Bewegungsfreiheit und der Einbau einer bodengleichen Dusche. Auf der Website der KfW unter https://www.kfw.de/kfw.de.html finden Sie die Seite zum Kredit 159 (*Altersgerecht Umbauen – Kredit*) und dort das Merkblatt mit den Informationen für die Förderfähigkeit der Maßnahmen.

Sollten Sie selbst als Immobilieneigentümer auf einen altersgerechten Umbau angewiesen sein, können Sie zudem **Zuschüsse bei der Pflegeversicherung** erhalten – dies ist für Sie sinnvoll, wenn Sie die Immobilie zur Eigennutzung kaufen sowie altersgerecht sanieren möchten. Auch, wenn in Ihrer Familie eine Person ist, die mit Ihnen in der Immobilie wohnt und auf eine altersgerechte Sanierung angewiesen ist, können Sie die Zuschüsse der Pflegekassen beantragen.

Das Risiko einer altersgerechten Sanierung

Es kann durchaus sein, dass jüngere Mieter sich von einem Treppenlift abschrecken lassen und denken, dass in diesem Wohnblock ausschließlich ältere Mieter wohnen. Aufgrund der vermeintlich langweiligen und hilfsbedürftigen Nachbarschaft könnten jüngere Mieter und Käufer von der Immobilie Abstand nehmen. Dieses Risiko müssen Sie für sich selbst abwägen. Viele Vermieter ziehen allerdings ruhigere Mieter vor, sodass eine altersgerecht sanierte Immobilie die präferierte Zielgruppe besser anziehen könnte.

Tipp # 3: Erneuerbare Energien kennen und einsetzen

Die erneuerbaren Energien werden in den nächsten drei Tipps, bei denen es um die Förderung verschiedener Sanierungsmaßnahmen geht, regelmäßig Anklang finden. Ein Großteil der Förderungen auf Bundes- und Landesebene ist nämlich dafür vorgesehen, Immobilieneigentümern die **Durchführung energetischer Sanierungen und Modernisierungen finanziell sowie fachlich zu erleichtern**. Hierzu gibt es Förderkredite (Tipp # 4), Zuschüsse (Tipp # 5) sowie Möglichkeiten zur Kombination verschiedener Förderprogramme (Tipp # 6).

Auch wenn die in den nächsten Tipps vorgestellten Förderungen dazu verhelfen, die Sanierung kosteneffizient umzusetzen, **profitieren Immobilieneigentümer auch ohne die Inanspruchnahme einer Förderung** von dem Einsatz erneuerbaren Energien. Dies hat viele Gründe, die sich anhand der Vorteile erneuerbarer Energien bestens veranschaulichen lassen.

- **Senkung der Nebenkosten**

Wer erneuerbare Energien teilweise oder komplett zur Stromerzeugung, Wassererwärmung und/oder zum Heizen in der Immobilie nutzt, senkt die Nebenkosten. Die erneuerbaren Energien sind begrenzt verfügbar, sodass zum Beispiel – durch die geringere Menge an Sonnenlicht im Winter – bei den meisten Fotovoltaikanlagen zusätzlich Strom vom Energieversorger bezogen werden muss. Dennoch schlägt sich die Senkung der Nebenkosten in einer höheren Energieeffizienzklasse der Immobilie nieder.

- **Amortisation der Anschaffungskosten**

Als ein wesentlicher Nachteil bei energetischen Sanierungen gelten die hohen Anschaffungskosten für neue Stromerzeugungsanlagen, Heizsysteme und weitere Anlagen. Durch Förderungen (siehe Tipp # 4 bis Tipp # 6 dieses Kapitels) lassen sich die Anschaffungskosten beträchtlich senken. Doch ob mit oder ohne Förderungen: Die Senkung der Nebenkosten trägt dazu bei, dass sich die Anschaffungskosten für eine Anlage zur Erzeugung erneuerbarer Energien refinanzieren. Nachdem sich die Anschaffungskosten amortisiert haben, machen Sie durch die langfristigen Einsparungen sogar einen Gewinn.

- **Höhere Preis- und Versorgungssicherheit**

Die Preise für Gas und Öl sowie andere fossile Energieträger stiegen im Verlauf der letzten Jahre enorm (Stand: Januar 2023). Beispielsweise legte der monatliche Durchschnittspreis für eine Million BTU an Gas zwischen Dezember 2020 und Dezember 2021 um 32,17 US-Dollar von 5,86 US-Dollar auf 38,03 US-Dollar zu

– dies entspricht mehr als einer Versechsfachung! Zwischen Dezember 2021 und August 2022 fand fast eine Preisverdopplung statt, ehe der Preis im Dezember 2022 auf 36,04 US-Dollar sank. (Statista, 2023) Internationale Konflikte können die Preise für fossile Energieträger steigen lassen. Ebenso ist eine Gefährdung der Versorgungssicherheit durch internationale Konflikte denkbar. Immobilieneigentümer – ob Privatnutzer, Vermieter oder Immobilienhändler – erhöhen ihre persönliche Preis- und Versorgungssicherheit, indem sie einen möglichst hohen Anteil an Strom und Wärme aus erneuerbaren Energien selbst generieren.

- **Erhöhung des Immobilienwerts**

Durch den Einsatz erneuerbarer Energien erhöht sich der Wert der Immobilie, denn die Senkung der Nebenkosten sowie die höhere Preis- und Versorgungssicherheit werden in den Kaufpreis der Immobilie einberechnet. Zudem sind erneuerbare Energien für einige Personen eine Art „Statussymbol" – so wäre es denkbar, dass Vermieter und Immobilienhändler durch die Verfügbarkeit zum Beispiel einer Fotovoltaikanlage oder Wärmepumpe die Miet- und Kaufinteressenten einfacher für die Immobilie begeistern können.

Erneuerbare Energien: Abgrenzung von der energetischen Sanierung

Ehe Sie einen Überblick über die einsetzbaren erneuerbaren Energieträger und ein Kosten-Nutzen-Beispiel vorgerechnet bekommen, soll zunächst ein weiterer wichtiger Begriff kurz eingeführt werden: die **energetische Sanierung**. Unter die Maßnahmen zur energetischen Sanierung fällt <u>nicht</u> die Installation erneuerbarer Energien. Die energetische Sanierung umfasst **Maßnahmen am Gebäude, die der Senkung des**

Energieverbrauchs dienen, nicht jedoch Maßnahmen, die der Energieerzeugung dienen. (Handelsblatt, 2022)

Die Senkung des Energieverbrauchs ist ein enormer Vorteil, weil sich dies positiv auf den Energieausweis und die Energieeffizienzklasse der Immobilie auswirkt – davon profitieren Privatnutzer, weil sie ihre Nebenkosten noch weiter senken. Vermietern und Immobilienhändlern hingegen fällt es leichter, Interessenten für die Immobilie zu finden, je höher die vorliegende Energieeffizienzklasse ist.

Energetische Sanierungen sind für gewöhnlich kostengünstiger als der Einbau von Anlagen zur Erzeugung erneuerbarer Energien. Hinzu kommt, dass es **mehr Förderprogramme für energetische Sanierungsmaßnahmen** gibt als für die Errichtung von beispielsweise Stromerzeugungsanlagen und Wärmepumpen. Auf energetische Sanierungen wird in folgenden Tipps noch genauestens eingegangen. Folgende Absätze dieses Tipps # 3 sind hingegen gezielt der Information über die Errichtung von Anlagen zur Erzeugung erneuerbarer Energien gewidmet.

Anlagen zur Erzeugung erneuerbarer Energien: Beispiele inklusive einer Kosten-Nutzen-Rechnung

Zwei populäre und häufig installierte Anlagen zur Erzeugung erneuerbarer Energien sind **Wärmepumpen und Solaranlagen**. Eine Wärmepumpe entzieht dem Erdreich, der Luft oder dem Grundwasser Wärme und leitet diese in den Heizkreislauf des Hauses. Auch ist der Einsatz einer Wärmepumpe zur Klimatisierung eines Gebäudes möglich. Solaranlagen dienen dazu, aus dem Sonnenlicht Energie zu gewinnen, die entweder zur Stromerzeugung (dann nennt man es „Fotovoltaik") oder Wärmeerzeugung (in diesem Fall spricht man von der „Solarthermie") genutzt wird.

Weitere Beispiele für Anlagen zur Erzeugung und Nutzung erneuerbarer Energien sind Biomasse- und Brennstoffzellenheizungen. Bei Biomasseheizungen dienen beispielsweise Holz, Pellets sowie Hackschnitzel als Brennstoffe. Die Brennstoffzellenheizung wiederum erzeugt Wärme und Wasser durch einen elektrochemischen Prozess zwischen Wasserstoff und Sauerstoff.

Zur Stromerzeugung bei Immobilien ist im Prinzip einzig und allein die Installation von Fotovoltaikanlagen üblich. Windkraftanlagen auf Dächern oder in Gärten sind eine Seltenheit. Wer zur Stromerzeugung keine Fotovoltaikanlagen installieren möchte, kann mittels Brennstoffzelle Strom erzeugen. Eine weitere Alternative bildet der **Anschluss der Immobilie an ein Nah- oder Fernwärmenetz**. Die in dieses Netz eingespeiste Energie lässt sich mithilfe erneuerbarer Energien erzeugen. Auch der Anschluss an ein solches Gebäudenetz oder Wärmenetz wird staatlich gefördert.

Unter den vielen Möglichkeiten, ein Gebäude mit erneuerbaren Energien zu versorgen, soll an dieser Stelle die **Errichtung einer Wärmepumpe als Beispiel für eine Kosten-Nutzen-Rechnung** herangezogen werden. Dabei wird angenommen, dass Sie als Immobilieneigentümer die Heizungsanlage Ihrer Immobilie ohnehin sanieren müssen. Anstatt das gleiche Heizsystem zu sanieren, rechnen Sie durch, ob sich die Investition in eine Wärmepumpe nicht eher rentieren würde.

Zunächst lassen Sie sich **von einem Experten beraten, ob die Errichtung der Wärmepumpe bei Ihrer Immobilie sinnvoll ist,** denn die Voraussetzungen für die Installation einer Wärmepumpe sind nicht bei allen Immobilien ideal. Nachdem klar ist, dass die Installation einer Wärmepumpe in Ihrer Immobilie sinnvoll ist, rechnen Sie sich durch, **inwiefern die Errichtung einer Wärmepumpenanlage in Ihrem Fall zu einer kosteneffizienten Sanierung beitragen könnte:**

- Bei der Berechnung der Kosteneffizienz setzen Sie die kompletten Anschaffungskosten (Kosten für die Beratung, Planung, Komponentenanschaffung und Errichtung der Wärmepumpe) ins Verhältnis zu den Anschaffungskosten für ein anderes Heizsystem, das Sie sanieren würden. Hierzu subtrahieren Sie die Anschaffungskosten für die Wärmepumpe von den Anschaffungskosten für z. B. die Gasheizung, die Sie bis dato in der Immobilie hatten. Sie ermitteln dadurch die Höhe der **Mehrkosten für die Wärmepumpe im Vergleich zum bisherigen Heizsystem.**

- Es sei angenommen, dass die Mehrkosten für die Wärmepumpe bei 12.000 Euro liegen. Die Anschaffungskosten sind also deutlich höher, was die Errichtung der Wärmepumpe im Hinblick auf die Kosten zunächst ineffizienter als die Sanierung der vorliegenden Heizungsanlage macht. Allerdings sparen Sie durch die Wärmepumpe an Nebenkosten. Wie viel Sie an Nebenkosten sparen, errechnen Sie mithilfe der Kennzahlen der Wärmepumpe und der Kennzahlen Ihrer Immobilie. Dabei helfen Ihnen sogenannte Energieeffizienz-Experten (EEE) – mehr dazu in den nächsten Tipps. Sie erfahren, dass Sie durch die Nutzung der Wärmepumpe eine jährliche Ersparnis in Höhe von 1.000 Euro durch die Senkung der Heizkosten im Vergleich zum bisherigen Heizsystem in der Immobilie erzielen.

- Nun multiplizieren Sie die jährliche Ersparnis mit der voraussichtlichen Lebensdauer der Wärmepumpe. Die voraussichtliche Lebensdauer sollte bei mindestens 20 Jahren liegen, jedoch sind längere Dauern üblich. 20 Jahre Mindestnutzungsdauer der Wärmepumpe mit der jährlichen Ersparnis von 1.000 Euro multipliziert, ergibt eine Ersparnis von 20.000 Euro im Vergleich zur bisherigen Heizungsanlage.

Sie merken, dass diese Ersparnis die Mehrkosten für die Installation einer Wärmepumpe locker deckt. Sie machen auf 20 Jahre gerechnet einen Gewinn von 8.000 Euro.

- Auf lange Sicht rentiert sich also eine Sanierung, bei der Sie anstelle des Ausbaus der bestehenden Heizungsanlage eine Wärmepumpe installieren. Als Privatnutzer zahlt sich die Kosteneffizienz der Sanierung also erst ab dem 13. Jahr aus. Vermieter profitieren schneller, da sie eine höhere Miete verlangen dürfen und ggfs. leichter Mieter finden. Immobilienhändler ziehen wiederum schneller finanziellen Nutzen aus der Errichtung der Wärmepumpe, denn der höhere Gebäudewert durch das moderne Heizungssystem schlägt sich unmittelbar in einem höheren Verkaufspreis der Immobilie nieder.

Wie in diesem Rechenbeispiel aufgeführt, ist der Einsatz von Anlagen zur Nutzung erneuerbarer Energien im Rahmen von Sanierungen eine **Maßnahme, die die Kosteneffizienz erst im Nachhinein steigert**, indem die laufenden Kosten gesenkt werden oder der Verkaufspreis der Immobilie erhöht wird. Ob Sie sich als Privatnutzer, Vermieter oder Immobilienhändler für diese langfristige Art der Kosteneffizienz begeistern oder es Ihnen wichtiger ist, unmittelbar während der Sanierung durch möglichst günstige Sanierungsmaßnahmen zu sparen, entscheiden Sie individuell für sich.

Förderungen und Zuschüsse bieten Ihnen die Möglichkeit, die Anschaffungskosten für die Installation von Anlagen zur Erzeugung und Nutzung erneuerbarer Energien beträchtlich zu senken. Um das Rechenbeispiel zur Wärmepumpe aufzugreifen: Ein **Zuschuss des Staates** (siehe Tipp # 5) könnte die **Anschaffungskosten um bis zu 40 % reduzieren** und dadurch die Mehrkosten im Vergleich zur Sanierung des bestehenden Heizungssystems erheblich senken. So würden sich die Anschaffungskosten schneller amortisieren. Trotz der gesunkenen Anschaffungskosten würde der Gebäudewert entsprechend dem eigentlichen Wert der Maßnahme steigen, sodass sich Förderungen für Privatnutzer, Vermieter und Immobilieneigentümer in vielfacher Hinsicht lohnen. Daher wird in folgenden drei Tipps auf Ihre Spielräume zur Förderung von erneuerbaren Energien und energetischen Sanierungen in Ihrer Immobilie eingegangen.

Tipp # 4: Förderkredite mit und ohne Tilgungszuschuss

Finanzielle Förderungen erleichtern Ihnen die Sanierung und können diese günstiger machen. Damit es Ihnen gelingt, den Nutzen einer Förderung abzuwägen und sich für oder gegen die jeweilige Förderung zu entscheiden, sollten Sie den Unterschied zwischen den Begriffen „Förderkredit" sowie „Zuschuss" kennen.

Bei einem **Förderkredit** erhalten Sie Geld, allerdings müssen Sie dieses **zurückzahlen**. Bei der Rückzahlung fallen neben der Tilgung des Kreditbetrags auch Zinsen an. Bei einem Förderkredit ohne Tilgungszuschuss zahlen Sie durch die Zinszahlungen also mehr Geld zurück, als Sie erhalten haben.

Anders verhält es sich bei einem **Zuschuss**. „Zuschüsse sind Gelder, die von Förderinstituten zur Verfügung gestellt werden. Sie müssen im Gegensatz zu Förderkrediten **nicht zurückgezahlt** werden." (FörderWelt, 2023) Sie erhalten das Geld somit geschenkt.

Zuschüsse können in verschiedenen Varianten vorliegen. Während im nächsten Tipp auf die „direkten Zuschüsse" eingegangen wird, sollen an dieser Stelle die **Tilgungszu-**

schüsse in Kombination mit Förderkrediten thematisiert werden:

- Sie nehmen einen Kredit auf und müssen den Kreditbetrag zurückzahlen. Diesen zahlen Sie in Tilgungsraten zurück. Zusätzlich zahlen Sie die Zinsen.
- Wird ein Tilgungszuschuss gewährt, so müssen Sie **nicht den kompletten Kreditbetrag zurückzahlen,** da Ihnen ein Teil Ihrer Schuld erlassen wird.
- Somit tilgen Sie den nach dem Erhalt des Tilgungszuschusses verbleibenden Kreditbetrag und zahlen darüber hinaus die Zinsen.

Es gibt drei populäre Anlaufstellen für Kredite zur energetischen Sanierung und Modernisierung der Immobilie: Banken und Sparkassen, die staatliche Förderbank KfW und Landeskreditbanken. Bei den gewöhnlichen Banken (z. B. *Postbank*, *Commerzbank*, *ING DIBA*) sowie bei den Sparkassen erhalten Sie keine Förderkredite und somit auch keine Tilgungszuschüsse. Stattdessen bekommen Sie Immobilienkredite oder Kredite mit anderem Verwendungszweck, die die marktüblichen Zinsen haben. Bei den gewöhnlichen Banken und Sparkassen sollten Sie folglich nur dann einen Kredit aufnehmen, wenn Sie sich Ihre Sanierungsmaßnahmen andernfalls nicht leisten können und kein vergünstigter Kredit bei der KfW oder bei den Landeskreditbanken für Sie infrage kommt.

Stichwort **KfW und Landeskreditbanken:** Diese bieten spezielle Förderprogramme an. In deren Rahmen erhalten Sie **Förderkredite mit sehr geringen Zinsen.** Die Zinsen unter Marktniveau bringen Ihnen im Vergleich zu den Zinsen bei einem Kredit von beispielsweise der *Postbank* Kostenvorteile bei Ihrer Sanierung. Neben günstigeren Zinsen erhalten Sie unter Umständen einen **Tilgungszuschuss.**

Förderkredite mit Tilgungszuschuss führen dazu, dass Sie einen geringeren Geldbetrag zurückzahlen müssen. Es ist beispielsweise denkbar, dass Sie einen Tilgungszuschuss in Höhe von 40 % des gesamten Kreditbetrags erhalten – das ist eine riesige Ersparnis im Vergleich zu einem Förderkredit ohne Tilgungszuschuss oder einem marktüblichen Kredit! Weil Sie dank der Gutschrift aus dem Tilgungszuschuss nur noch einen Teil Ihres Kreditbetrags zurückzahlen müssen, können Sie eine kürzere Kreditlaufzeit vereinbaren und müssen obendrein weniger Zinsen zahlen. Dementsprechend sind Sie **bei Förderkrediten mit Tilgungszuschuss schneller schuldenfrei und sparen an Zinsen.**

Die Empfehlungen für eine kosteneffiziente Sanierung mithilfe von Förderkrediten lesen sich folgendermaßen:

1. Versuchen Sie, wenn möglich, keinen Kredit bei einer gewöhnlichen Bank oder Sparkasse aufzunehmen. Sie erhalten lediglich einen marktüblichen Kredit, den Sie komplett zurückzahlen müssen.
2. Falls Sie einen Kredit aufnehmen, beantragen Sie am besten einen Förderkredit bei der KfW oder bei einer der Landeskreditbanken. Hier erhalten Sie Kredite mit besonders attraktiven Zinsen.
3. Sichern Sie sich, wenn möglich und angeboten, Förderkredite mit einem Tilgungszuschuss – im Vergleich zu einem gewöhnlichen Kredit und einem Förderkredit ohne Tilgungszuschuss müssen Sie nicht den kompletten Kreditbetrag zurückzahlen, haben weniger Zinsen zu tragen und sind schneller schuldenfrei.

KfW: Beantragung von Förderkrediten und Voraussetzungen

Seit dem 1. Januar 2021 werden sämtliche Förderungen in der Kreditvariante – sowohl mit als auch ohne Tilgungszuschüsse – von der KfW angeboten. Förderungen in der Zuschussvariante beantragen Sie hingegen bei dem Bundesamt für Wirtschaft und Ausfuhrkontrolle (BAFA). Auf die direkten Zuschüsse des BAFA wird im nächsten Tipp eingegangen.

Auf der Website der KfW auf der Unterseite „Bestehende Immobilie" unter dem Link https://www.kfw.de/inlandsfoerderung/Privatpersonen/Bestandsimmobilien/ finden Sie alle wichtigen Informationen zu Förderungen rund um Bestandsimmobilien. Lassen Sie sich von dem Wort „Privatpersonen" in der Link-URL nicht irritieren: Auch Vermieter und Immobilienhändler finden, ausgehend von der Unterseite „Bestehende Immobilie", Förderungen zur Sanierung.

Als wichtige Orientierung bei der Förderung von Sanierungen dienen die **Effizienzhaus-Stufen**. Das Effizienzhaus ist ein von der KfW definierter energetischer Standard für Wohngebäude. (KFW, 2023) Damit Sie bei der KfW einen Förderkredit überhaupt erhalten, muss Ihre Immobilie nach der Sanierung die Voraussetzungen einer der Effizienzhaus-Stufen erfüllen. Ist dies nicht der Fall, dann erhalten Sie keinen Förderkredit. Anders verhält es sich bei den Zuschüssen des BAFA: Bei diesen Zuschüssen werden auch Einzelmaßnahmen ohne die Abhängigkeit von der Effizienzhaus-Stufe gefördert.

> ***Hinweis!***
>
> Die einzigen Einzelmaßnahmen, die die KfW fördert und bei denen Ihre Immobilie keine Effizienzhaus-Stufe erreichen muss, sind jene, bei denen Anlagen zur Erzeugung von Strom und Wärme errichtet werden. Hierfür hat die KfW den *Kredit 270 (Erneuerbare Energien – Standard)* geschaffen. Unter dem Link https://www.kfw.de/inlandsfoerderung/Privatpersonen/Bestandsimmobilie/F%C3%B6rderprodukte/Eneuerbare-Energien-Standard-(270)/ finden Sie nähere Infos zu den Voraussetzungen sowie zur Förderfähigkeit beim Kredit 270.

Um die in folgender Tabelle abgebildeten Effizienzhausstufen und die maximalen Kredithöhen sowie Tilgungszuschüsse nachvollziehen zu können, sollten Sie folgende drei Begriffe kennen.

- **Primärenergiebedarf**: Diese prozentuale Kennzahl gibt an, wie viel Energie im Gebäude durchschnittlich für das Heizen, Lüften und für die Warmwasseraufbereitung verbraucht wird. Je niedriger der Prozentwert ist, umso höher ist der energetische Standard der Immobilie.
- **Transmissionswärmeverlust**: Ebenfalls in % angegeben, informiert dieser Kennwert über das Ausmaß der über die Gebäudehülle nach außen verlorenen Wärmeenergie bei einer beheizten Immobilie. Auch der Transmissionswärmeverlust sollte möglichst gering ausfallen.
- **Erneuerbare-Energien-Klasse**: Werden mindestens 55 % des Energiebedarfs der Immobilie durch

eine Heizungsanlage auf Basis erneuerbarer Energien und/oder durch unvermeidbare Abwärme abgedeckt, dann ist eine höhere Sanierungsförderung möglich.

Erfüllt Ihre Immobilie die Anforderungen der Erneuerbare-Energien-Klasse, so erhöhen sich die maximale Kredithöhe und der Tilgungszuschuss in der jeweiligen Effizienzhaus-stufe um 30.000 Euro bzw. 5 %. Folgende **Tabelle zeigt die Voraussetzungen in den einzelnen Effizienzhausstufen, um förderfähig zu sein.**

Effizienzhaus	Primäre-nergiebedarf	Transmissions-wärmeverlust	Maximale Kredithöhe je Wohneinheit
Effizienzhaus 40	40 %	55 %	120.000 Euro mit 20 % Tilgungszuschuss
Effizienzhaus 40 (Erneuerbare-Energien-Klasse)	40 %	55 %	150.000 Euro mit 25 % Tilgungszuschuss
Effizienzhaus 55	55 %	70 %	120.000 Euro mit 15 % Tilgungszuschuss
Effizienzhaus 55 (Erneuerbare-Energien-Klasse)	55 %	70 %	150.000 Euro mit 20 % Tilgungszuschuss
Effizienzhaus 70	70 %	85 %	120.000 Euro mit 10 % Tilgungszuschuss
Effizienzhaus 70 (Erneuerbare-Energien-Klasse)	70 %	85 %	150.000 Euro mit 15 % Tilgungszuschuss

Effizienzhaus 85	85 %	100 %	120.000 Euro mit 5 % Tilgungszuschuss
Effizienzhaus 85 (Erneuerbare-Energien-Klasse)	85 %	100 %	150.000 Euro mit 10 % Tilgungszuschuss

Quelle: *Die Effizienzhaus-Stufen für bestehende Immobilien und Baudenkmale* (KFW, 2023)

Um Ihre Immobilie energetisch zu sanieren, sodass diese eine der Effizienzhaus-Stufen erfüllt, müssen Sie Einzelmaßnahmen durchführen lassen. Die KfW listet auf der Seite https://www.kfw.de/inlandsfoerderung/Privatpersonen/Bestehende-Immobilie/Energieeffizient-sanieren/Ma%C3%9Fnahmen-f%C3%BCr-Energieeffizienz/ folgende **Maßnahmen zur energetischen Sanierung** auf und informiert über diese Maßnahmen:

- Dämmung der Fassade und Sonnenschutz
- Dämmung des Daches
- Dämmung der Kellerdecke
- Erneuerung der Fenster und Sonnenschutz
- Einbau oder Erneuerung einer Lüftungsanlage
- Erneuerung der Heizung
- Einbau einer Photovoltaik-Anlage
- Einbau einer Solarthermie-Anlage
- Energetische Fachplanung und Baubegleitung

Stellen Sie sich nun vor, dass Sie die Förderung bei der KfW für zum Beispiel die Effizienzhaus-Stufe 70 beantragen, den Kredit bewilligt bekommen und das Geld erhalten, einige der aufgelisteten Maßnahmen durchführen lassen und sich im Nachhinein herausstellt: Sie erfüllen lediglich die Voraussetzungen der Effizienzhaus-Stufe 85 oder – schlimmer noch –

keiner der Effizienzhaus-Stufen. Dann muss der Betrag aus dem Förderkredit rückerstattet werden, weil die KfW den Kreditvertrag kündigt.

> „Der Verkäufer hat den Schaden aus der Kündigung des Kreditvertrages zu tragen, wenn die Anforderungen an das KfW-Effizienzhaus-Niveau nicht erfüllt oder mangels Unterlagen nicht nachgewiesen werden können und die KfW aus diesen Gründen den Förderkredit vom Darlehensnehmer innerhalb von 5 Jahren ab Fertigstellung zurückfordert." (KFW, 2021)

Es ist bei den Förderkrediten der KfW in jedem Fall **empfehlenswert, mit Energieeffizienz-Experten (EEE) zusammenzuarbeiten**. Diese besichtigen Ihre Immobilie, machen Vorschläge für energetische Sanierungsmaßnahmen und führen eine Fachplanung der energetischen Sanierung durch. Die daraufhin ergriffenen Sanierungsmaßnahmen tragen aufgrund der präzisen Fachplanung eines EEE dazu bei, dass die Effizienzhaus-Stufen erreicht werden. Zudem führt der EEE eine Baubegleitung durch und steuert rechtzeitig gegen, sofern die Durchführung der Sanierungsmaßnahmen nicht erwartungsgemäß verläuft. Die Kosten für die Arbeit des EEE sind ebenfalls förderfähig. Sie finden einen EEE sowie weitere Infos zu diesem Thema mithilfe der Anleitungen und Inhalte unter https://www.kfw.de/ inlandsfoerderung/Privatpersonen/Bestandsimmobilie/ Energieeffizient-Sanieren/Experte-f%C3%BCr-Energieeffizienz/ auf der Website der KfW.

Zuletzt verbleibt die Frage, wie Sie diese **Förderung beantragen**. Hierzu gibt es den *Kredit 261 (Wohngebäude – Kredit)* unter dem Link https://www.kfw.de/inlandsfoerderung/ Privatpersonen/Bestehende-Immobilie/F%C3%B6rderprodukte/Bundesf%C3%B6rderung-f%C3%BCr-effiziente-Geb%C3%A4ude-Wohngeb%C3%A4ude-Kredit-(261-262)/.

In diesem Kredit ist die Förderung von Sanierungsmaßnahmen zum Erreichen einer der Effizienzhaus-Stufen inbegriffen. Zudem erfahren Sie auf der Seite, dass Sie die Höhe des Tilgungszuschusses steigern können:

- Bei einer seriellen Sanierung – das ist eine Sanierung, für die Sie vorgefertigte Bauelemente verwenden – sind bis zu 15 % Extra-Tilgungszuschuss möglich.
- Ebenfalls gibt es einen Extra-Tilgungszuschuss in Höhe von 10 % für die energetische Sanierung eines Worst-Performance-Buildings (WPB). Dies ist ein Gebäude, das vor der Sanierung hinsichtlich des energetischen Sanierungszustands zu den schlechtesten 25 % der Gebäude in Deutschland gehört. (KFW, 2023)

Die Förderung von Fotovoltaik- und Windkraftanlagen sowie Stromspeichern ist nicht mehr in diesem Förderkredit inbegriffen. Stattdessen können Sie dafür eine der Förderungen des BAFA oder den KfW-Kredit 270 nutzen. Neu ist, dass bei der energetischen Sanierung beim Kredit 261 **auch Eigenleistungen gefördert** werden, indem die Materialkosten bezuschusst werden. Somit liegt, wenn Sie bei der Sanierung selbst Hand anlegen, um Kosten zu sparen (siehe Kapitel 3, Tipp # 10), ebenfalls eine Förderfähigkeit vor.

Neben der Komplettsanierung zum Energieeffizienzhaus fördert die KfW im Kredit 261 auch den Bau oder den Kauf eines Effizienzhauses. Überdies wird die Umwidmung von Nichtwohnfläche in Wohnfläche bei dem Kredit 261 ebenfalls gefördert.

Landeskreditbanken: Liste und Internetadressen

Auf die Förderungen der Landeskreditbanken und deren Voraussetzungen wird in diesem Kapitel nicht detailliert eingegangen, da es **bei der Landeskreditbank jedes Bundeslandes andere Förderungen mit anderen Rahmen-**

bedingungen gibt. Daher soll hier eine Liste mit den 16 Landeskreditbanken und deren Internetadressen Abhilfe schaffen: Informieren Sie sich selbstständig auf der Website der für Sie zuständigen Landeskreditbank. Für Sie zuständig ist die Landeskreditbank, in deren Bundesland Ihre Immobilie steht.

Bundesland	Name der Landeskreditbank	Internetadresse der Landeskreditbank
Baden-Württemberg	L-Bank	www.l-bank.de
Bayern	Bayerische Landeskreditbodenanstalt	www.labo-bayern.de
Berlin	Investitionsbank Berlin	www.investitionsbank.de
Brandenburg	Investitionsbank des Landes Brandenburg	www.ilb.de
Bremen	Bremer Aufbau-Bank	www.bab-bremen.de
Hamburg	Hamburgische Investitions- und Förderbank	www.ifbhh.de
Hessen	Wirtschafts- und Infrastrukturbank Hessen	www.wibank.de
Mecklenburg-Vorpommern	Landesförderinstitut Mecklenburg-Vorpommern	www.lfi-mv.de
Niedersachsen	Investitions- und Förderbank Niedersachsen	www.nbank.de
Nordrhein-Westfalen	NRW.BANK	www.nrwbank.de
Rheinland-Pfalz	Landestreuhandstelle Rheinland-Pfalz	www.lth-rlp.de
Saarland	Saarländische Investitionskreditbank	www.sikb.de
Sachsen	Sächsische Aufbaubank	www.sab.sachsen.de

Sachsen-Anhalt	Investitionsbank Sachsen-Anhalt	www.ib-sachsen-anhalt.de
Schleswig-Holstein	Investitionsbank Schleswig-Holstein	www.ib-sh.de
Thüringen	Thüringer Aufbaubank	www.aufbaubank.de

Tipp # 5: Zuschüsse sind besser als Förderkredite

Noch besser als Förderkredite – ob mit oder ohne Tilgungszuschuss – sind die „direkten Zuschüsse". Hierbei handelt es sich um keinen Fachbegriff; die Bezeichnung „direkter Zuschuss" wird in diesem Ratgeber nur deswegen verwendet, um diese besser von den Tilgungszuschüssen abzugrenzen.

Unter einem **direkten Zuschuss** ist in diesem Ratgeber zu verstehen, dass Sie das Geld für die Sanierungs- und Modernisierungsmaßnahmen auf Ihr Konto überwiesen bekommen und nicht zurückzahlen müssen. Sie erhalten das Geld also nicht in Form eines Tilgungsnachlasses mit dem Kreditbetrag verrechnet, sondern bekommen es quasi ausgehändigt. Es ist ein **Geschenk, das allerdings an Bedingungen geknüpft ist.**

Zuschüsse sind für die kosteneffiziente Sanierung Ihrer Immobilie ein absolut lukratives Mittel. Sie sollten sich in folgenden Absätzen über die verschiedenen Zuschüsse und deren Bedingungen genau informieren. Besuchen Sie außerdem die Seite https://www.bafa.de/DE/Energie/Effiziente_Gebaeude/effiziente_gebaeude_node.html zur Bundesförderung für effiziente Gebäude (BEG) auf der Website des BAFA. Dort finden Sie eine detaillierte Erläuterung aller Zuschüsse. Im Gegensatz zu den Informationen in Ratgebern werden auf der Website des BAFA sämtliche Förderungen sowie deren Voraussetzungen ständig aktualisiert, sodass Sie dort stets die aktuellen Rahmenbedingungen vorfinden.

BEG – Einzelmaßnahmen (BEG EM): Unkomplizierte Förderung

Seit dem 1. Januar 2021 kümmert sich das BAFA um die Förderung von Einzelmaßnahmen in der Zuschussvariante. Zuvor wurden Einzelmaßnahmen von der KfW gefördert. Die Zuschüsse für Einzelmaßnahmen stellt das BAFA tabellarisch unter dem Link https://www.bafa.de/SharedDocs/Downloads/DE/Energie/beg_em_foerderuebersicht.pdf?__blob=publicationFile&v=12 zusammen und informiert darin über die Höhe der Fördersätze.

Dabei werden **folgende Einzelmaßnahmen zur Sanierung von Wohngebäuden (WG) und Nichtwohngebäuden (NWG)** aufgeführt und in vier Bereiche unterteilt.

- Der Bereich **„Gebäudehülle"** umfasst folgende förderfähige Einzelmaßnahmen:
    - Dämmung von Außenwänden, Dach, Geschossdecken und Bodenflächen
    - Austausch von Fenstern und Außentüren
    - sommerlicher Wärmeschutz
- Der Bereich **„Anlagentechnik (außer Heizung)"** umfasst folgende förderfähige Einzelmaßnahmen:
    - Einbau/Austausch/Optimierung von Lüftungsanlagen
    - WG: Einbau „Efficiency Smart Home"
    - NWG: Einbau Mess-, Steuer- und Regelungstechnik, Kältetechnik zur Raumkühlung und Einbau energieeffizienter Innenbeleuchtungssysteme
- Der Bereich **„Anlagen zur Wärmeerzeugung (Heizungstechnik)"** umfasst folgende förderfähige Einzelmaßnahmen:
    - Solarkollektoranlagen
    - Biomasseheizungen
    - Wärmepumpen
    - Brennstoffzellenheizungen

- o Innovative Heizungstechnik auf Basis erneuerbarer Energien
  - o Errichtung, Umbau und Erweiterung eines Gebäudenetzes (ohne Biomasse)
  - o Errichtung, Umbau und Erweiterung eines Gebäudenetzes (mit max. 25 % Biomasse für Spitzenlast)
  - o Errichtung, Umbau und Erweiterung eines Gebäudenetzes (mit max. 75 % Biomasse)
  - o Anschluss an ein Gebäudenetz
  - o Anschluss an ein Wärmenetz
- Der Bereich „**Heizungsoptimierung**" umfasst folgende förderfähige Einzelmaßnahmen:
  - o Maßnahmen zur Optimierung bestehender Heizungsanlagen in Bestandsgebäuden

Die Fördersätze unterscheiden sich je nach Einzelmaßnahme und weiteren Aspekten. Unter https://www.bafa.de/SharedDocs/Downloads/DE/Energie/beg_em_foerderuebersicht.html?nn=15129584 finden Sie die PDF der aktuell förderfähigen Einzelmaßnahmen mit deren Fördersätzen zum Download. In diesem Ratgeber wird anhand des **Beispiels dreier Einzelmaßnahmen** auf die Höhe der Förderungen eingegangen:

Einzelmaßnahme	Fördersatz	iSFP-Bonus	Heizungs-Tausch-Bonus	Wärme-pumpen-Bonus*	max. Fördersatz
Austausch von Fenstern und Außentüren	15 %	5 %	-	-	20 %
Installation einer Wärmepumpe	25 %	-	10 %	5 %	40 %
Optimierung einer bestehenden Heizungsanlage im Bestandsgebäude	15 %	5 %	-	-	20 %

Quelle: *Förderübersicht: Bundesförderung für effiziente Gebäude – Einzelmaßnahmen (BEG EM)* (BAFA, 2023)

Diese verkürzte Tabelle zeigt das, was auch bei einem Blick auf die ausführliche Tabelle des BAFA deutlich wird: **Im Bereich „Anlagen zur Wärmeerzeugung (Heizungstechnik)" sind die höchsten Fördersätze**. Je nachdem, welche neue Heizungstechnik Sie im Rahmen Ihrer energetischen Sanierung installieren lassen, sind **Förderungen von bis zu 40 % der Investitionskosten möglich**. Den iSFP-Bonus erhalten Sie übrigens dann, wenn Sie sich von einem EEE einen individuellen Sanierungsfahrplan (iSFP) erstellen lassen.

Hinweis!

Bei sämtlichen Einzelmaßnahmen, die Sie durchführen lassen, erhalten Sie eine zusätzliche Förderung für die Fachplanung und Baubegleitung: Sollten Sie einen EEE hinzuziehen, dann werden die Kosten für dessen Dienstleistung mit einem Anteil von 50 % durch einen Zuschuss gefördert. Mehr zur Zusammenarbeit mit einem EEE erfahren Sie unter https://www.bafa.de/DE/Energie/Effiziente_Gebaeude/Informationen_fuer_Energieberater/informationen_fuer_energieberater_node.html;jsessionid=A342E-895DE7249C0D6AD53F2E802B311.2_cid371.

Um einen **Antrag auf Zuschuss des BAFA** zu stellen, besuchen Sie folgende Seite: https://www.bafa.de/DE/Energie/Effiziente_Gebaeude/Informationen_fuer_Antragstellende/informationen_fuer_antragstellende_node.html;jsessionid=A342E895DE7249C0D6AD53F2E802B311.2_cid371. Dort finden Sie hilfreiche Informationen rund um die Antragstellung und das digitale Antragsformular. Dieses Formular ist ausdrücklich nur für Antragstellungen vorgesehen, um eine Förderung für Einzelmaßnahmen (BEG EM) zu erhalten. Sollten Sie eines der anderen zwei Förderprogramme der

BEG – jenes für Wohngebäude oder für Nichtwohngebäude – nutzen wollen, dann wenden Sie sich an die KfW. Diese hat neben den Förderkrediten nämlich auch ein Zuschussprogramm im Angebot.

BEG für Wohngebäude und BEG für Nichtwohngebäude: Hier wird's kompliziert!

Die Recherchen und Erfahrungen haben, was die Zuschüsse im Rahmen der BEG für Wohngebäude (BEG WG) und der BEG für Nichtwohngebäude (BEG NWG) angeht, ein äußerst enttäuschendes Bild ergeben, das noch dazu verbraucherunfreundlich ist. Ehe auf die zahlreichen Komplikationen eingegangen wird, sei die **Grundidee hinter den beiden Förderprogrammen BEG WG und BEG NWG** erläutert:

- Beide Förderprogramme sollten dazu dienen, umfassendere Optimierungen an Gebäuden zu bezuschussen. Wer am Wohngebäude oder Nichtwohngebäude eine hohe Menge an Einzelmaßnahmen vornimmt, sollte nicht mehrere Zuschüsse beantragen müssen. Daher wurden die Programme BEG WG und BEG NWG beschlossen, in denen die Bezuschussung mehrerer Einzelmaßnahmen erfolgen sollte.
- Die Komplikationen setzten jedoch schon mit der Veröffentlichung der Förderprogramme ein. Statt wie die BEG EM durch das BAFA verteilt zu werden, wurde die Verantwortung für die Förderprogramme BEG WG und BEG NWG an die KfW übergeben. Dies führte beispielsweise dazu, dass nur noch energetische Sanierungs- und Modernisierungsmaßnahmen förderfähig waren, nach denen die jeweilige Immobilie einen der Effizienzhaus-Standards erfüllte. Von dieser Voraussetzung ist auf den Informationsseiten des BAFA über die BEG WG (siehe https:// www.bafa.de/DE/Energie/Effiziente_Gebaeude/ Sanierung_Wohngebaeude/sanierung_wohngeba-

eude_node.html) und über die BEG NWG (siehe https://www.bafa.de/DE/Energie/Effiziente_Gebaeude/Sanierung_Nichtwohngebaeude/sanierung_nichtwohngebaeude_node.html) jedoch nirgendwo die Rede. Dies erfahren Interessenten erst, sobald Sie sich mühsam durch die Unterseiten geklickt haben und feststellen, dass die KfW die Verantwortung für die BEG WG und BEG NWG trägt.

- Eine weitere Komplikation ist derzeit (Stand: Januar 2023), dass die Zuschüsse der KfW im Sinne der BEG WG und BEG NWG für Privatpersonen, Vermieter, Immobilienhändler, Unternehmen und zahlreiche andere Immobilieneigentümer nicht mehr vergeben werden. Dies wird auf der Website der KfW ebenfalls nicht auf Anhieb ersichtlich. Dass der *Zuschuss 461 (Wohngebäude – Zuschuss)* nicht vergeben wird, erfahren Sie auf der Website der KfW kaum. Unter https://www.kfw.de/inlandsfoerderung/%C3%96ffentliche-Einrichtungen/Kommunale-Unternehmen/F%C3%B6rderprodukte/Bundesf%C3%B6rderung-f%C3%BCr-effiziente-Geb%C3%A4ude-Wohngeb%C3%A4ude-Zuschuss-(461)/ finden Sie das Zuschussprogramm, das seit Mitte 2022 nicht mehr angeboten wird. Halten Sie sich auf dem Laufenden, denn es könnte sein, dass die KfW das Programm erneut in Kraft setzt.
- Vergeben wird aktuell der *Zuschuss 464 (Kommunen – Zuschuss)*, bei dem allerdings nur kommunale Gebietskörperschaften, Gemeinde- und Zweckverbände als Immobilieneigentümer gefördert werden. Somit ist dieser Zuschuss weder für Sie als Privatperson noch für Sie als Vermieter oder Immobilienhändler geeignet.

In den kommenden Jahren könnten Änderungen eintreten, doch fürs Erste sind Zuschüsse gemäß BEG WG und BEG NWG für die meisten Immobilieneigentümer nicht erhältlich und somit quasi nicht existent. Allerdings wird auf den

Websites des BAFA und Bundesministeriums für Wirtschaft und Klimaschutz (BMWK) nach wie vor auf diese Zuschüsse verwiesen. Lassen Sie sich davon aber nicht irritieren. Informieren Sie sich über eventuelle Änderungen am besten auf der Website der KfW, da diese als Herausgeber der Fördermittel die aktuelle Verfügbarkeit der Förderungen am zuverlässigsten bekanntgeben wird. Sollte es Ihnen zu umständlich sein, sich auf der Suche nach aktuellen Informationen durch die Website der KfW zu klicken, dann rufen Sie am besten bei der KfW an und fragen Sie nach.

Weitere Zuschüsse auf Landesebene

Neben den Zuschüssen auf staatlicher Ebene, die das BAFA und die KfW vergeben, gibt es **in den einzelnen Bundesländern weitere Förderprogramme**. Auch in den Kommunen der Bundesländer kann es spezielle Förderprogramme geben.

Sämtliche Förderprogramme aufzulisten, würde an dieser Stelle den Rahmen sprengen. Daher erhalten Sie folgenden Tipp, ehe am Beispiel des Bundeslandes Bayern ein Förderprogramm vorgestellt wird: Der Tipp ist, dass Sie bei Google mit dem **Suchbegriff „Bundesland [hier den Namen Ihres Bundeslandes einsetzen] Förderung Heizung"** oder ähnlichen Suchbegriffen nach den Förderprogrammen auf Landesebene suchen. Abgesehen von „Heizung" können Sie Schlagwörter wie „Dämmung" und ähnliche Begriffe nutzen, die Ihre Sanierungsmaßnahme treffend beschreiben.

Sucht man beispielsweise mit dem Schlagwort „Bayern Förderung Heizung" bei Google, so gelangt man bei den obersten Suchergebnissen auf die offiziellen Websites der Bayerischen Staatsministerien. Eine der Seiten ist https://www.umweltpakt.bayern.de/werkzeuge/foerderfibel/programme/, auf der über 100 Förderprogramme Bayerns aufgelistet sind. Eines der Förderprogramme ist *Bayerisches Modernisierungsprogramm – BayModR*, bei dem „Eigentümer, Erbbauberechtigte und Nießbraucher von Mietwohngebäuden und stationären Pflegeeinrichtungen" gefördert werden. Geförderte Maßnahmen sind unter anderem jene, die der „Erhöhung des Anteils erneuerbarer Energien" dienen. (Bayerisches Landesamt für Umwelt, 2022) Neben zinsverbilligten Darlehen ist bei diesem Förderprogramm zudem der Erhalt von Zuschüssen möglich.

Hinweis!

Das zinsverbilligte Darlehen und der Zuschuss beim Förderprogramm *Bayerisches Modernisierungsprogramm – BayModR* werden übrigens von der *Bayerischen Landesbodenkreditanstalt* vergeben, die eine der im ersten Tipp genannten Landeskreditbanken ist. Somit zeigt sich, dass auf der Suche nach Zuschüssen auch ein Blick in die Liste der Landeskreditbanken aus Tipp # 1 in diesem Kapitel sinnvoll ist.

So, wie es bei diesem Förderprogramm des Bundeslandes Bayern der Fall ist, besteht bei anderen Förderprogrammen Bayerns und der anderen Bundesländer die Möglichkeit, über zinsverbilligte Darlehen sowie Zuschüsse die eigene Sanierung kosteneffizienter zu gestalten. Im Internet finden Sie auf den offiziellen Websites der Landesregierungen und in der Google-Suche alle wesentlichen Informationen hierzu.

Fazit zu Zuschüssen: Programm BEG EM und Programme der Bundesländer im Fokus

Wer Zuschüsse beantragen möchte, kann durch das Förderprogramm BEG EM mehrere Einzelmaßnahmen fördern lassen. Hierfür wird der Antrag beim BAFA gestellt. Zuschüsse für eine umfassende Sanierung von Gebäuden oder Nichtwohngebäuden erhalten Sie zurzeit (Stand: Januar

2023) als Privatnutzer Ihrer Immobilie, als Vermieter oder als Immobilienhändler nicht, denn die entsprechenden Programme BEG WG und BEG NWG werden von der KfW nicht angeboten.

Somit bleibt Ihnen, wenn Sie mehrere Einzelmaßnahmen durchführen lassen, die verschiedene Bereiche betreffen (z. B. die Bereiche „Gebäudehülle" und „Anlagentechnik") nichts anderes übrig, als **zwei separate Förderungen für mehrere Einzelmaßnahmen zu beantragen.** Dies sorgt zwar für einen hohen bürokratischen Aufwand, doch geht mit erheblichen Kostenvorteilen bei Ihrer energetischen Sanierung einher.

Neben den Zuschüssen aus dem Programm BEG EM ist es möglich, durch Förderungen der Bundesländer die Sanierung der eigenen Immobilie kosteneffizienter zu gestalten. Hierzu sind bei Google und auf den Websites der Landesregierungen alle wichtigen Informationen aufgeführt.

Tipp # 6: Förderungen kombinieren

Es bestehen Kombinationsmöglichkeiten zwischen den Förderprogrammen. Durch die Kombination zweier verschiedener Programme ist es Ihnen beispielsweise möglich, durch die eine Förderung eine Sanierungsmaßnahme zu finanzieren, die durch eine weitere von Ihnen beantragte Förderung nicht finanzierbar ist. So **füllen Sie Lücken bei der Förderung Ihrer Sanierung** und können die **finanzielle Unterstützung erweitern.**

In einigen Fällen ist die Kombination verschiedener Förderprogramme nicht möglich. Von den Herausgebern der Förderung werden oftmals Voraussetzungen für die Beantragung der Förderung genannt. Eine der Voraussetzungen kann sein, dass es nicht erlaubt ist, ein Förderprogramm mit einem anderen zu kombinieren, falls Sie damit ein und dieselbe

Sanierungsmaßnahme finanzieren würden. Um ein konkretes Beispiel zu nennen:

- Sie dürfen die Zuschüsse beim BEG WG auch mit Förderkrediten der KfW kombinieren, wobei darauf zu achten ist, dass Sie nicht ein und dieselbe Maßnahme doppelt fördern lassen.
- Wenn Sie beispielsweise über die BEG WG die Errichtung einer Wärmepumpe fördern lassen, dürfen Sie nicht auch noch den KfW-Kredit *Kredit 270 (Erneuerbare Energien – Standard)* zur Förderung der Wärmepumpe beantragen.

Die Herausgeber der Förderung weisen auf ihren Websites oder in Merkblättern, die Sie als PDF downloaden können, darauf hin, wenn es nicht gestattet ist, das jeweilige Förderprogramm mit einem anderen Förderprogramm zu kombinieren. Falls keine expliziten Hinweise zu diesem Sachverhalt gegeben werden, können Sie bei den Kredit- und Förderinstituten anrufen oder eine E-Mail schreiben, um sich zu erkundigen, ob Sie die jeweilige Förderung mit einer anderen kombinieren dürfen.

Tipp # 7: Förderungen für die Sanierung denkmalgeschützter Immobilien

„Ein Baudenkmal im juristischen Sinn ist grundsätzlich ein bewegliches oder unbewegliches Objekt mit geschichtlicher, künstlerischer, städtebaulicher, wissenschaftlicher oder volkskundlicher Bedeutung. Die Erhaltung des geschützten Objekts liegt daher im Interesse der Allgemeinheit. Der mit Vorliegen dieser Voraussetzungen resultierende Denkmalschutz wirkt sich schließlich auch auf die Sanierung des geschützten Objektes aus, sodass insoweit einiges zu beachten ist." (JURA-FORUM, 2022)

Welche Immobilie als Denkmalimmobilie eingestuft wird, entscheidet das Denkmalschutzamt. Man spricht im Zusammenhang mit Denkmalimmobilien auch von „besonders erhaltenswerter Bausubstanz". Neubauten gehören nicht hierzu. Oftmals handelt es sich um **ältere Gebäude, die aus der Zeit vor dem Zweiten Weltkrieg stammen**. Allerdings werden nach Angaben des *Bayerischen Rundfunks* (BR) gehäuft Gebäude aus der Nachkriegszeit zu Baudenkmälern ernannt. Hierzu erwähnt der BR als Beispiel die Mensa des Schulzentrums Perlach-Nord: Das Konzept zum Abriss und Wiederaufbau einer größeren Mensa stand bereits und der Bezirksausschuss hatte zugestimmt, doch das *Bayerische Landesamt für Denkmalpflege* (BLFD) ließ die Mensa aufgrund deren historischer Bedeutung unter Denkmalschutz stellen, sodass ein Abriss nicht mehr gestattet war. (Ley, 2019)

Dieses Beispiel zeigt, dass sich sogar Eigentümer von Immobilien nicht immer darüber im Klaren sind, ob sie ein denkmalgeschütztes Objekt besitzen oder nicht. Sie sollten sich deshalb schon vor dem Kauf einer Immobilie bei der Denkmalbehörde, dem Stadtplanungsamt oder dem Bauamt darüber informieren, ob das „Gebäude zur örtlich besonders erhaltenswerten Bausubstanz zählt", wie die KfW in den Informationen zu ihrem Förderprogramm rät. (KFW, 2023) Sollte sich nämlich erst nach dem Kauf herausstellen, dass Sie eine denkmalgeschützte Immobilie erworben haben, können Sie höchstwahrscheinlich den Großteil Ihres Sanierungskonzepts über den Haufen werfen, denn **bei der Sanierung denkmalgeschützter Immobilien gelten strenge Auflagen.** Somit ist ein weiterer Tipp zur kosteneffizienten Sanierung gegeben: sich vorher erkundigen, ob die Immobilie denkmalgeschützt ist oder nicht.

Trotz der strengen Auflagen für Sanierungen gibt es mehrere Gründe, um gezielt in Denkmalimmobilien zu investieren. Einer der Gründe ist der in der Regel **günstige Anschaffungspreis im Vergleich zu ähnlichen Objekten, die nicht denkmalgeschützt sind**. Im Gegenzug – das ist ein Nachteil – sind der Renovierungs-, Sanierungs- und Modernisierungsbedarf bei Denkmalimmobilien üblicherweise hoch.

Sollten Sie die Sanierungsmaßnahmen bei Denkmalimmobilien mithilfe der Tipps in diesem Ratgeber kosteneffizient durchführen, dann ist es wahrscheinlich, dass Sie insgesamt ein kostengünstigeres Investment erzielen als bei nicht denkmalgeschützten und vergleichbaren Immobilien. Darüber hinaus profitieren Sie davon, dass Sie eine Immobilie haben, die eine **außergewöhnliche Geschichte** aufweist, die sich meist auch **in der Optik der Immobilie niederschlägt**:

- hohe Decken
- handverarbeitete Türen
- große und lichtdurchflutete Räume mit riesigen Fenstern
- Stuckaturen an den Decken
- eine kunstvoll verarbeitete Fassade in einem außergewöhnlichen architektonischen Baustil

All das sind mögliche und durchaus begehrte Eigenschaften von Altbauten und Denkmalimmobilien. Als Privatnutzer wohnen Sie dann in einer bewundernswerten Immobilie, während Sie als Vermieter und Immobilienhändler bei der Vermietung bzw. dem Verkauf an die richtige Zielgruppe überdurchschnittliche Renditen erzielen können.

Überdies gelten **bei der Abschreibung einer denkmalgeschützten Immobilie** (siehe Kapitel 4, Tipp # 3) **immense Steuervorteile**. Von diesen Steuervorteilen profitieren Vermieter und andere Immobilieneigentümer, die die

Immobilie zum Zwecke der Gewinnerzielung über mehrere Jahre in ihrem Besitz behalten.

Neben dem hohen Sanierungsaufwand, der durch die geringen Anschaffungskosten meist gerechtfertigt ist, gibt es noch einen Nachteil bei der Sanierung von Denkmalimmobilien: die Verpflichtung zur Einhaltung von Vorschriften des Denkmalschutzes. Die Denkmalbehörde wird Ihnen Vorgaben machen, welche Sanierungsmaßnahmen gestattet sind und welche nicht. Primäres Ziel dieser Vorgaben ist meist, das Gebäude in seiner Erscheinungsform weder von außen noch von innen deutlich zu verändern. Stattdessen soll es sein **historisch, kulturell oder aus anderen Gründen erhaltenswertes Erscheinungsbild behalten**. Meist führen die Vorgaben des Denkmalschutzes dazu, dass die Verbesserung der Energieeffizienz der Immobilie lediglich eingeschränkt möglich ist.

Sie haben nun einen Gesamtüberblick über die Vor- und Nachteile bei der Investition und Sanierung denkmalgeschützter Immobilien erhalten. Dadurch wissen Sie unter anderem, dass die Sanierung meist einen hohen Aufwand bereitet, jedoch in Kombination mit den geringen Anschaffungskosten durchaus derart geringe Gesamtkosten zur Folge haben kann, sodass Sie weniger als in eine vergleichbare nicht denkmalgeschützte Immobilie mit geringem Sanierungsaufwand investieren müssen.

Nun stellt sich die Frage: Wie gelingt es Ihnen, die **tendenziell hohen Sanierungskosten für Denkmalimmobilien zu verringern**?

Die Antwort sind **Förderungen**. Im Folgenden werden zum einen die Förderungen der KfW vorgestellt, zum anderen die Förderprogramme weiterer Herausgeber.

KfW: Förderung der energetischen Sanierung bei Baudenkmalen

Informationen zur Förderung der energetischen Sanierung bei Baudenkmalen führt die KfW auf der Unterseite *Das Effizienzhaus* unter folgendem Link: https://www.kfw.de/ inlandsfoerderung/Privatpersonen/Bestehende-Immobilie/ Energieeffizient-sanieren/Das-Effizienzhaus/. Unterhalb der Effizienzhaus-Stufen 40, 55, 70 und 85 für bestehende Immobilien ohne Denkmalschutz (siehe Tipp # 4 in diesem Kapitel) schildert die KfW die vereinfachten Förderbedingungen für die Effizienzhaus-Stufe *Denkmal*:

„Der Jahres-Primärenergiebedarf [darf] maximal 160 % des Wertes betragen, der für ein vergleichbares Referenzgebäude nach dem Gebäudeenergiegesetz (GEG) gilt. Bei einigen Einzelmaßnahmen gelten ebenfalls spezielle technische Mindestanforderungen, zum Beispiel angepasste Anforderungswerte für Außenwände und Fenster." (KFW, 2023)

Um die genauen Voraussetzungen dieser KfW-Förderung zu erfahren und einzuhalten, ist die Zusammenarbeit mit einem Energieeffizienz-Experten (EEE) mit spezieller Qualifikation für den Denkmalschutz essenziell. Darauf weist auch die KfW hin. Die Website der KfW bietet Informationen und Hilfestellungen, um einen qualifizierten EEE zu finden. Die Zusammenarbeit mit diesem wird finanziell gefördert.

Es gibt **zwei verschiedene Förderkredite**, die Sie für die energetische Sanierung von Denkmalimmobilien von der KfW erhalten können:

Effizienzhaus	Primärenergiebedarf	Maximale Kredithöhe je Wohneinheit
Effizienzhaus Denkmal	160 %	120.000 Euro mit 5 % Tilgungszuschuss
Effizienzhaus Denkmal (Erneuerbare-Energien-Klasse)	160 %	120.000 Euro mit 10 % Tilgungszuschuss

Quelle: *Die Effizienzhaus-Stufen für bestehende Immobilien und Baudenkmale* (KFW, 2023)

Zur Definition, wann ein Effizienzhaus der Erneuerbare-Energien-Klasse zuzuordnen ist, finden Sie in Tipp # 4 dieses Kapitels alle erforderlichen Infos. Beantragen können Sie die Förderung für die energetische Sanierung Ihres Baudenkmals unter: https://www.kfw.de/inlandsfoerderung/Privatpersonen/ Bestehende-Immobilie/F%C3%B6rderprodukte/ Bundesf%C3%B6rderung-f%C3%BCr-effiziente-Geb%C3%A4ude-Wohngeb%C3%A4ude-Kredit-(261-262)/ zum *Kredit 261 (Wohngebäude-Kredit)*.

Weitere Ansprechpartner für Förderungen von Denkmalimmobilien

Neben der KfW ist die **DEUTSCHE STIFTUNG DENKMALSCHUTZ**, deren Website Sie unter folgenden Link finden, ein **Ansprechpartner für die Beantragung von Fördergeldern**: https://www.denkmalschutz.de/aktuelles. html. Die Stiftung sammelt Spendengelder von Privatpersonen, Unternehmen und weiteren Geldgebern, um daraufhin finanziell bei der Denkmalpflege und -sanierung zu unterstützen.

Einen Antrag auf Förderung stellen Sie unter: https://www. denkmalschutz.de/ueber-uns/die-deutsche-stiftung-denkmalschutz/aufgaben-ziele/denkmalfoerderung/foerderung-erhalten.html. Auf dieser Seite sind außerdem Informationen zu den Anforderungen für den Erhalt der Förderung zu finden. Interessant ist bei den Förderungen der DEUTSCHE STIFTUNG DENKMALSCHUTZ, dass nicht nur energetische Sanierungen, sondern **Renovierungen und Sanierungen im Allgemeinen förderfähig** sind.

Weitere Anlaufstellen für Förderungen sind die **örtliche Denkmalschutzbehörde** und die **Landesdenkmalämter:**

- Durch die Eingabe des Suchbegriffs „örtliche Denkmalschutzbehörde" und des Stadtnamens, in dem die Immobilie steht, finden Sie im Internet problemlos die für Ihre Immobilie zuständige Denkmalschutzbehörde. Dort können Sie sich auf den Websites oder telefonisch über die Verfügbarkeit von Fördergeldern informieren.
- Eine Zusammenstellung der Landesdenkmalämter finden Sie auf http://www.denkmalliste.org/denkmalbehoerden-landesamt-denkmalpflege-landesdenkmalamt.html. Dort sind Links zu den für das jeweilige Bundesland zuständigen Landesdenkmalämtern aufgeführt, wo Sie sich auf den Websites der Ämter näher über die Förderprogramme informieren können. Das *LVR-Amt für Denkmalpflege im Rheinland* ist ein Beispiel für ein Landesdenkmalamt, das derzeit (Stand: Januar 2023) **private, kirchliche und kommunale Eigentümer von Immobilien fördern.**

Tipp # 8: Material erhalten und erneuern

Erhalten oder austauschen? Einige Materialien müssen, auch wenn sie einen schlechten Zustand haben, bei einer Sanierung nicht zwingend ausgetauscht werden. **Erhaltenswerte Materialien** finden sich des Öfteren bei **Böden, Türen und Fenstern.** Sind diese Bauteile aus Echtholz gefertigt, dann lassen sie sich überarbeiten und erhalten. Dies hat im Vergleich zum Neukauf und Einbau neuer Bauteile meist Kostenvorteile.

> ***Hinweis!***
>
> Im Prinzip gehört dieser Tipp zu den Tipps für die Durchführung der Sanierung, die in dem nächsten Kapitel geschildert werden. Da aber die Erhaltung von Materialien oft im Zusammenhang mit dem Denkmalschutz eine Voraussetzung darstellt und der Erhalt von Materialien ressourcenschonend ist, findet der Tipp in diesem Kapitel Eingang.

Vor allem in Altbauten finden sich **alte Dielenböden, die lediglich neu geschliffen und lackiert werden müssen,** um wieder im Glanz alter Zeiten zu erstrahlen. Sollten die Dielenböden zuvor bereits häufig neu geschliffen und lackiert worden sein, kann es vorkommen, dass ein erneuter Schleifgang nicht möglich ist, weil dann die Nutzschicht zu dünn wäre. Ob es möglich ist, den Dielenboden nochmals neu zu schleifen und zu lackieren, erfahren Sie von einem Bodenleger.

Die **Erhaltung des Dielenbodens** ist allem voran dann, wenn Sie den Boden in Eigenleistung schleifen und lackieren und keinen Handwerker beauftragen, **wesentlich kostengünstiger als der Kauf eines neuen Dielenbodens.** Vor allem die Anschaffungs- und Montagekosten für Dielenböden sind hoch. Da ein Dielenboden von Haus aus eine hohe Qualität hat, aber ein Neukauf zu hohen Sanierungskosten führen würde, ist bei diesem Bodenbelag die Erhaltung oberste Priorität. Sie möchten erhalten und selbst Hand anlegen? **Beim Schleifen gehen Sie üblicherweise wie folgt vor:**

1. Sie schleifen in einer groben Körnung, wobei eine Körnung von 16 oder 24 angemessen sein dürfte. Durch diesen Grobschliff tragen Sie alte Lackreste und Verschmutzungen sowie tiefe Beschädigungen und tiefe Unebenheiten auf der Oberfläche ab.
2. Durch den zweiten Schleifgang mit einer etwas feineren Körnung erledigen Sie den Zwischenschliff, um die Oberfläche zu glätten.
3. Mit dem letzten Schliff, für den Sie eines der Schleifpapiere mit der feinsten Körnung nutzen, stellen Sie eine glatte und gleichmäßige Oberfläche auf dem gesamten Boden her.
4. Nun lackieren Sie den Dielenboden in der gewünschten Farbe oder mit durchsichtigem Lack, damit das Holz seine natürliche Farbe behält.

Falls der Dielenboden im Laufe der Jahre nicht nur optisch gelitten hat, sondern durch die Änderungen der Holzstruktur knarrt, bleibt Ihnen nichts anderes übrig, als den Dielenboden zu demontieren sowie nach dem Schleifen und Lackieren neu zu verschrauben. Wenn Sie einem erneuten Knarren vorbeugen möchten, macht sich die Verlegung einer Trittschalldämmung unter dem Dielenboden bezahlt.

Die Kosten für die Sanierung eines alten Dielenbodens sind bei dessen Erhaltung überschaubar, jedoch steht Ihnen ein großer Aufwand bevor, der Sie mehrere Tage Arbeitszeit kosten wird – unter Umständen sogar mehrere Wochen, falls sich der Dielenboden über die gesamte Nutzfläche der Immobilie erstreckt und überall einer Erneuerung bedarf.

Die Sanierung alter Fenster und Türen ist nahezu schon ein Muss, wenn Sie handverarbeitete Türen und Fenster mit Verzierungen haben, wie sie bei denkmalgeschützten Immobilien oft anzutreffen sind. Fenster und Türen mit Verzierungen sind des Öfteren explizit von dem Denkmalschutz betroffen.

Selbst, wenn sie dies nicht sein sollten, gilt die eindringliche Empfehlung, diese kunstvoll verarbeiteten Prachtstücke zu erhalten und im Rahmen der Sanierung nicht auszutauschen. Denn so manch ein Miet- und Kaufinteressent ließ sich bereits aufgrund der prachtvollen Gestaltung der Türen und Fenster vom Vertragsabschluss überzeugen.

Im Prinzip lassen sich sämtliche Türen und Fenster aus Holz durch zwei, drei Schleifgänge und eine neue Lackierung erneuern. Falls kunstvoll eingearbeitete Verzierungen vorliegen, ist bei dem Schleifgang besondere Vorsicht geboten, um die Verzierungen nicht zu beschädigen. Daher wird zu schonenden Schleifgängen per Hand und ohne Maschine geraten. Mit der gebotenen Vorsicht schaffen Sie es in Eigenleistung in der Regel einfacher als bei einem Dielenboden, die Sanierung durchzuführen. So **ersparen Sie sich die tendenziell hohen Anschaffungskosten für neue und maßgefertigte Türen und Fenster.**

Tipp # 9: Langlebige Sanierungsmaßnahmen vorziehen

Dieser Tipp, genauso wie der vorige Tipp, passt auch zum Folgekapitel mit den Durchführungstipps für die Sanierung. Langfristige Sanierungsmaßnahmen zeichnen sich durch die **Wahl langlebiger und hochwertiger Baumaterialien** sowie eine professionelle Durchführung der Sanierung aus. Wieso der Tipp dennoch in diesem Kapitel vorkommt, ist die Tatsache, dass Sie bei der Wahl langlebiger Materialien langfristig bei der Sanierung sparen.

Sie zahlen zwar für die Sanierung mehr, sparen jedoch durch die Langlebigkeit der Materialien in den folgenden Jahrzehnten einiges an Geld. Anstatt Laminat nach 15 Jahren austauschen zu müssen, können Sie einen **Massivholzparkettboden gegebenenfalls 50 bis 80 Jahre** und in ganz seltenen Fällen **sogar noch länger verwenden** – auf lange Sicht eine bemerkenswerte Kostenersparnis!

Wie bereits am vorigen Tipp gezeigt, sind Echtholzböden, Echtholzfenster und Echtholztüren äußerst langlebig. Zur Erneuerung dieser Komponenten müssen Sie lediglich in größeren zeitlichen Abständen von einem Jahrzehnt oder mehr die obere Nutzschicht abschleifen sowie eine neue Lackierung vornehmen. Neben der Wahl eines langlebigen Materials ist es **für die Langlebigkeit von Sanierungsmaßnahmen entscheidend, diese professionell durchführen zu lassen.** Verzichten Sie daher bei der ersten Montage eines neuen Dielenbodens auf eine Eigenleistung. Später bei der Erneuerung des Dielenbodens (siehe Tipp # 8 in diesem Kapitel) können Sie gern selbst Hand anlegen, doch die **allererste Montage sollte der Fachbetrieb vornehmen**, um eine akkurate Wärmedämmung, Trittschalldämmung sowie ein makelloses Verlegeverfahren beim Boden zu gewährleisten.

So weit, so gut: Die Langlebigkeit von Holz als Baumaterial und die Tatsache, dass sich Bauelemente und Inneneinrichtung aus Holz erneuern lassen, ist nicht mehr anzuzweifeln. So verbleibt nun die Frage, welche Materialien sonst noch langlebig sind und bei einer professionellen Verarbeitung im Zuge der Sanierung viele Jahrzehnte ihren Dienst erweisen. Im Grunde genommen können Sie sich merken, dass **alle Naturbaustoffe für den langfristigen Einsatz in Immobilien ideal geeignet** sind. Zu den Naturbaustoffen zählen – abgesehen von Holz – beispielsweise folgende Materialien:

- Lehm
- Ziegel
- Naturstein
- Kalk
- Naturfasern (z. B. Jute, Hanffasern)

Auch wenn Lehm in der Liste der langlebigen Materialien den einen oder anderen Leser verwundern mag, so sind in Deutschland vereinzelt 300 bis 400 Jahre alte Fachwerkhäuser aus Lehm anzutreffen, die sich gut halten. Die alten Bauwerke aus der Antike, die aus Lehm gefertigt sind, befinden sich teilweise nach Jahrtausenden noch in einem – angesichts des Alters – beachtlich guten Zustand.

Während Materialien wie Ziegel und Lehm auch zum Hochziehen von Mauerwerk Anwendung finden, ist der Einsatzbereich für **Kalk hauptsächlich das Verputzen von Wänden**. Kalk- und ebenso Lehmputz an Wänden sind Garanten für gutes Raumklima. Auch wenn das Verputzen der Wand mit Kalk und Lehm wesentlich teurer als das Verlegen einer Tapete ist, lohnt sich durch die Pflegeleichtigkeit und Schimmelprävention eine Investition in diesen Putz anstelle einer Tapete auf lange Sicht fast immer. Da bei Kalk- oder Lehmputz die Erneuerung des Wandanstrichs wie bei einer Tapete oder ein neuer Anstrich über viele Jahrzehnte erspart bleibt, haben Sie langfristig geringere Sanierungskosten und erhalten durch Auftragen eines Putzes obendrein eine **hohe qualitative Aufwertung Ihrer Immobilie**. Prinzipiell hält Kalkputz an Wänden sogar über einen unbegrenzten Zeitraum.

Naturfasern, die in der obigen Aufzählung zuletzt genannt wurden, sind **als Dämmmaterialien ausgezeichnet**. Speziell Jute ist ein widerstandsfähiges Dämmmaterial, das resistent gegen Schimmel und Schädlinge ist. Aufgrund des hohen Kaufpreises für Jute wird allgemein empfohlen, Hanffasern als Dämmmaterialien zu verwenden. Diese sind ebenfalls langlebig, aber günstiger als Jute.

Naturbaustoffe haben abgesehen von der generellen Langlebigkeit den Vorteil der **Wiederverwendbarkeit**. Lehm beispielsweise ist zu 100 % recycelbar.

Tipp # 10: Versicherungen für den (Sanierungs-)Fall der Fälle

Für Immobilieneigentümer – ob Privatnutzer, Vermieter, Immobilienhändler oder anderer Eigentümer – gibt es eine Reihe an Versicherungen, deren Abschluss dringend empfohlen ist. Dies betrifft die Gebäudeversicherung, Haus- und Grundbesitzerhaftpflichtversicherung, Elementarschadenversicherung und die Hausratversicherung.

Obwohl keine dieser Versicherungen gesetzlich verpflichtend ist, wie es beispielsweise für Fahrzeuge auf die Kfz-Haftpflichtversicherung zutrifft, ist ein Abschluss der genannten Versicherungen unter Immobilieneigentümern gang und gäbe. Die Gefahren für Immobilien nehmen durch die in den kommenden Jahren – laut Prognosen – zunehmenden extremen Wetterbedingungen zu. (Burk, 2021) Sollte ein Gebäude abbrennen, dann wird der gegenwärtige Wert des Gebäudes durch die Gebäudeversicherung ersetzt. Um sich gegen spezifische Naturgefahren (z. B. Hochwasser, Schneedruck) zu versichern, lohnt sich eine Erweiterung des Versicherungsschutzes, indem **zusätzlich zur Gebäudeversicherung eine Elementarschadenversicherung abgeschlossen** wird.

Der Abschluss von Versicherungen für Immobilieneigentümer ist auch dann klar empfohlen, wenn die Immobilie lediglich über einen kurzen Zeitraum von beispielsweise wenigen Monaten gehalten wird. Somit sollten **Immobilienhändler einen vollen Versicherungsschutz sicherstellen**. Über die grundlegenden Versicherungen für Immobilieneigentümer (Gebäudeversicherung, Haus- und Grundbesitzerhaftpflichtversicherung, Elementarschadenversicherung und Hausratversicherung) sollten Sie sich in jedem Fall eigenständig informieren und diese Versicherungen abschließen. Achten Sie beim Vertragsabschluss darauf, dass sämtliche

Schäden versichert sind, die bei Ihrer Immobilie auftreten können.

> **Hinweis!**
>
> Hier sollen die grundlegenden Versicherungen nicht weiter thematisiert werden. Stattdessen gilt die Aufmerksamkeit im Sinne des Themas dieses Buches speziell jenen Versicherungen, die im Zuge der Immobiliensanierung wichtig sind. Dennoch sollten Sie sich vor Augen führen, dass auch die Gebäudeversicherung und Elementarschadenversicherung langfristig zu einer kosteneffizienten Sanierung beitragen können, denn falls in einigen Jahren beispielsweise das Dach unter Schneedruck nachgeben sollte und Sie dieses sanieren lassen müssten, würden die Kosten für die Sanierung durch die Versicherung gedeckt.

Für die Durchführung der Sanierungsmaßnahmen gibt es **speziellen Versicherungsschutz, der unter anderem bei Schäden an der Immobilie oder an Dritten greift**, falls es durch die Sanierung zu diesen Schäden gekommen sein sollte. Sanierungsschäden sind in der Regel gar nicht oder lediglich in geringem Maße durch die Gebäudeversicherung und die Elementarschadenversicherung abgedeckt, weshalb für den Zeitraum der Sanierung definitiv weitere Versicherungen abgeschlossen werden sollten. Eine hilfreiche Checkliste, um einen umfassenden Versicherungsschutz als Immobilieneigentümer und Bauherr zu gewährleisten, führen die Experten von *DR. KLEIN* auf:

- „Überprüfen Sie Ihre **Private Haftpflichtversicherung** auf den Schutz bei kleineren Sanierungsmaßnahmen.

- Schließen Sie bei größeren Sanierungsvorhaben eine **Bauherrenhaftpflichtversicherung** ab.
- Schließen Sie zum Schutz Ihres Bauwerks eine **Bauleistungsversicherung** ab.
- Melden Sie alle privaten Bauhelfer bei der BG Bau, damit für sie eine **Bauhelferunfallversicherung** abgeschlossen wird.
- Falls noch nicht vorhanden, sorgen Sie unbedingt für eine **Private Unfallversicherung**. Als Bauherr sind Sie und Ihr/e Partner/in nicht durch die Bauhelferunfallversicherung geschützt.
- Informieren Sie Ihre **Wohngebäudeversicherung** über die Sanierungsmaßnahmen.
- Melden Sie vorübergehenden Leerstand, ein Gerüst an der Hausfassade und Wohnflächenveränderung unverzüglich der **Hausratversicherung**.“ (DR. KLEIN, 2023)

Im Folgenden wird auf die **Bauherrenhaftpflichtversicherung, die Bauleistungsversicherung und die Bauhelferversicherung** eingegangen. Dabei macht den Anfang die wichtigste Versicherung, nämlich die Bauherrenhaftpflichtversicherung.

Der wesentlichste Vorteil aller Versicherungen für die Phase der Sanierung ist, dass bei Schäden im Zuge der Sanierung geleistet wird. Somit müssen Sie bei der Beschädigung einer bereits montierten, neuen Heizungsanlage nicht selbst nochmals für die Behebung des Schadens zahlen, sondern erhalten dies von Ihrer Versicherung finanziert. So fördern die Versicherungen die Kosteneffizienz der Sanierung im Schadensfall. Weil es auf derart großen Baustellen, wie sie bei umfassenden Sanierungen einer Immobilie vorliegen, an zahlreichen Stellen zu Schäden kommen kann, ist Vorsicht besser als Nachsicht: **Vermeiden Sie kostspielige und unerwartete Kostenfallen durch den Abschluss entsprechender Versicherungen!**

Bauherrenhaftpflichtversicherung

Diese Versicherung dient dazu, sich gegen das **Risiko, das von Baustellen für Personen und Sachen ausgeht**, abzusichern. Ein Beispiel für solch ein Risiko ist die Beschädigung des Autos eines Dritten durch aufwirbelndes Baumaterial. Falls der Nachbar auf seinem Grundstück ein Fahrzeug geparkt hat und dieses durch die Abläufe auf der Baustelle zu Schaden kommt, hat der Nachbar eine berechtigte Forderung auf Schadensersatz. Auch bei Schäden durch ein umkippendes Gerüst, das zum Beispiel einen Passanten auf dem Gehweg schwer verletzt oder sogar tötet, wird von einer Bauherrenhaftpflichtversicherung geleistet. Diese **Versicherung ist unterm Strich ein Muss**, weil insbesondere Personenschäden hohe sechsstellige Beträge kosten können.

Wie ist es mit Schäden an der Immobilie, die von den ausführenden Gewerken verursacht werden? In diesen Fällen leistet die Bauherrenhaftpflichtversicherung nicht. Stattdessen greift die Bauleistungsversicherung, die man auch Bauwesenversicherung nennt.

Bauleistungsversicherung

Der Versicherungsschutz aus der Bauleistungsversicherung betrifft nicht nur die durch die arbeitenden Gewerke verursachten Schäden an der Immobilie. Um Peter Burk (2021) aus seinem Buch *Handbuch Sanieren und Modernisieren – Planung, Maßnahmen und Kosten für Bauherren* zu zitieren:

„Die Schäden können hierbei sowohl aus natürlichen Ereignissen wie Unwetter und Sturm herrühren als auch aus versehentlicher Beschädigung durch Bauhandwerker oder durch anonymen Vandalismus.

Die Versicherung schützt nicht nur Ihr Risiko, sondern auch das der beteiligten Unternehmen. Fährt ein Unternehmer beim Rangieren mit einem Lkw beispielsweise an die neuen, auf der Baustelle gelagerten Fenster eines anderen Unternehmers, springt die von Ihnen abgeschlossene Bauleistungsversicherung ein und ersetzt den Schaden."

Wichtig ist bei alledem, dass Sie eine Bauleistungsversicherung abschließen, durch die **auch die abgeschlossenen** Sanierungsarbeiten sowie die **bereits montierten** Bauteile geschützt sind. Hintergrund dieses Hinweises ist, dass eine Bauleistungsversicherung stets nur bei Maßnahmen greift, die noch nicht abgeschlossen sind, und nicht für die gesamte Dauer der Sanierung gilt. Dies bedeutet: Die Sanierungsmaßnahmen, die bereits beendet sind, sind nicht mehr durch die Bauleistungsversicherung geschützt, sofern der Versicherungsschutz beim Vertragsabschluss nicht auf abgeschlossene Arbeiten und montierte Teile ausgedehnt worden ist. Ist dies hingegen der Fall, dann haben Sie durch die Bauleistungsversicherung einen vollumfänglichen Schutz für die komplette Dauer Ihrer Sanierung.

> *Hinweis!*
>
> Von den Leistungen der Bauleistungsversicherung ausgeschlossen ist die Behebung von Schäden durch Brand sowie Blitzschlag. Um auch diesbezüglich geschützt zu sein, sollten Sie eine **separate Feuerrohbauversicherung abschließen**. (DR. KLEIN, 2023)

Weil nicht nur Sie als Immobilieneigentümer von den Leistungen einer Bauleistungsversicherung profitieren und **außerdem die Gewerke am Bau mitversichert** sind, ist die Aufteilung der Versicherungskosten zwischen Bauherren und den Gewerken üblich. Halten Sie im Vertrag mit Baufirmen und Handwerkern in Absprache mit diesen einen angemessenen Anteil fest, zu dem diese an den Kosten der Versicherung beteiligt werden. Angemessen ist üblicherweise ein Anteil, bei dem der Umfang der Leistungen eines Gewerkes an dem gesamten Sanierungsaufwand der Immobilie berücksichtigt wird.

Bauhelferversicherung

Wer bei der Sanierung Eigenleistungen erbringt (siehe Tipp # 10 im Folgekapitel) und dabei **Freunde, Bekannte und/ oder Verwandte als Helfer** einbindet, sollte für diese eine Bauhelferversicherung abschließen. Hierzu folgende genauere Informationen:

„Freunde, Bekannte und Verwandte muss man zwingend über die Bauberufsgenossenschaft versichern, wenn der Arbeitsanfall insgesamt mehr als 39 Arbeitsstunden beträgt. Der Tarif für die Versicherung von Freunden, Bekannten und Verwandten richtet sich nach der Gesamtzahl der geleisteten Stunden. Daher müssen diese sorgfältig dokumentiert werden. Bereits vor Beginn der Arbeiten sollte also Kontakt zur Bauberufsgenossenschaft aufgenommen werden, wenn Eigenleistungen in größerem Umfang eingeplant sind, um die Art der Dokumentation zu klären. Umgeht man diese Pflichtversicherung und es passiert etwas, erhält der Verunfallte zwar trotzdem einen Schutz, allerdings kann der verantwortliche Bauherr dann mit einem Bußgeld belegt werden." (Burk, 2021)

Das Bußgeld beträgt maximal 2.500 Euro.

Um sich selbst und Ihren Partner oder Ihre Partnerin für den Fall von Unfällen bei der Sanierung zu schützen, benötigen Sie eine **private Unfallversicherung**. Der Versicherungsschutz bei einer Bauhelferversicherung betrifft ausdrücklich lediglich die Helfer. Um sich näher zu informieren oder direkt Kontakt zur Berufsgenossenschaft der Bauwirtschaft (BG BAU) aufzunehmen, nutzen Sie die Informationen auf der Website der Genossenschaft unter: https://www.bgbau.de/.

Clevere Durchführung: 10 Tipps für die Sanierungsmaßnahmen

Manchmal sind es die **kleinen Dinge, die eine große Wirkung entfalten**: Räume, die durch die Entfernung nicht tragender Innenwände vergrößert werden und dadurch wesentlich mehr Platz bieten. Die Nutzung vorgefertigter Bauelemente. Der Einbau von Türen und Fenstern ohne Sturz. Eine Möblierung der ansonsten kahlen Immobilie – Stichwort: Home Staging.

Los geht's!

Die folgenden 10 Tipps bieten Ihnen eine **Inspiration bei der Zusammenarbeit mit Handwerksbetrieben**. Sprechen Sie die Handwerksbetriebe aktiv an, ob die Umsetzung der folgenden Tipps bei Ihrer Immobilie sinnvoll ist und inwiefern die einzelnen Tipps in Ihrem Individualfall zu einer kosteneffizienten Aufwertung beitragen könnten.

Der letzte dieser 10 Tipps weist Sie auf mehrere Arbeiten hin, die Sie **selbst durchführen** können, um Kosten zu sparen. Für die **destruktiven Arbeiten**, wie das Entfernen der Tapete oder der Fliesen, stellen Handwerksbetriebe meist mehrere Hundert Euro in Rechnung. Dieses Geld können Sie einsparen, weil die meisten destruktiven Arbeiten ohne Risiken auch für Laien durchführbar sind. Welche Arbeiten das sind und wie Sie diese am leichtesten bewerkstelligen, erfahren Sie am Ende dieses Kapitels. Zudem lernen Sie mehrere **konstruktive Maßnahmen** kennen, die Sie in Eigenleistung erbringen können.

Tipp # 1: Nicht tragende Innenwände entfernen

Es gibt Personen, die es in ihren eigenen vier Wänden gern heimelig haben und sich dafür kleine Räume wünschen. Grundsätzlich empfehlen sich bei der Vermietung und beim Verkauf allerdings größere Räume. Auch viele Privatnutzer ziehen große Räume mit **genügend Bewegungsfreiraum und reichlich Platz für Möbel sowie Dekoration** vor.

Sollte sich später etwas an den Präferenzen ändern, lassen sich Räume durch Raumaufteiler oder die Errichtung von Wänden in Leichtbauweise (siehe folgender Tipp) verkleinern. Andersherum – kleine Räume durch Abriss von Wänden in große Räume umwandeln – ist schwieriger. Da große Räume noch dazu im Allgemeinen beliebter sind, sollten Sie im Rahmen der Sanierung **Innenwände, die für die Statik des Gebäudes nicht wichtig sind, entfernen**, falls sich eine Vergrößerung des betreffenden Raumes als sinnvoll erweist.

Sinnvoll ist der Abriss einer nicht tragenden Innenwand insbesondere dann, wenn Sie zwei sehr kleine Räume (z. B. jeweils 10 bis 15 m² Größe) haben. Dabei handelt es sich um äußerst kleine Abmessungen, bei denen sich die Vereinigung zweier Räume zu einem Raum anbietet, was Wohnkomfort der Immobilie deutlich erhöhen würde.

Abgesehen davon bietet der Abriss nicht tragender Innenwände **gestalterisches Potenzial**. Immobilien mit Wohnküchen, in denen die Küche und der Essbereich ohne Zwischenwand ins Wohnzimmer übergehen (auch „offene Küche" genannt), sind seit über einem Jahrzehnt in Mode und werden dies voraussichtlich auch bleiben. Durch den Abriss einer nicht tragenden Innenwand zwischen Küche und Wohnzimmer entsteht mehr Nutzfläche und es lässt sich eine größere Küche mit Mittelinsel installieren.

Womöglich verbleibt nun die Frage: **Wie verhilft der Abriss nicht tragender Innenwände zur Kosteneffizienz bei der Sanierung?**

- Sie müssen sich nicht mehr um die Sanierung der Wand kümmern, falls diese sanierungsbedürftig sein sollte, was Ihnen die Anschaffung teurer weiterer Elemente (z. B. Türen, Türstürze) erspart, die bei einer Wand zur Raumtrennung erforderlich wären.
- Sie gewinnen mehr Nutzfläche und steigern den Wohnkomfort, wodurch Sie die Wohnung möglicherweise leichter vermietet oder leichter und zu einem höheren Preis verkauft bekommen. Dies steigert Ihren finanziellen Ertrag nach der Sanierung.

Tipp # 2: Nicht tragende Innenwände in leichter Bauweise einsetzen

Nicht immer kommt es im Innenausbau darauf an, möglichst viel Raum zu schaffen. Obwohl große Räume für die Vermietung oder den Verkauf einer Immobilie prinzipiell vorteilhaft sind, kann aus gestalterischen Gründen der Aufbau neuer Innenwände zur Debatte stehen. Hier bilden nicht tragende **Innenwände in leichter Bauweise** eine **kosteneffiziente Option**.

Nicht nur bei der Errichtung einer Wand zu gestalterischen Zwecken, sondern auch dann, wenn eine nicht tragende Innenwand bauliche Defizite aufweist, abgerissen und durch eine neue Innenwand ersetzt werden muss, kommt der Einsatz von Innenwänden in Leichtbauweise infrage. Was zeichnet diese Wände aus?

Innenwände in leichter Bauweise bestehen **aus Metall- oder Holzständern und haben eine Gipskartonbeplankung**. Alternativ gibt es Innenwände in Leichtbauweise, die aus Porenbetonelementen oder Gipsdielen gefertigt sind. Unabhängig davon, aus welchem Material diese Wände sind, bieten sie folgende Vorteile:

- schnelle und kostengünstige Erstellung
- leichte Versetzung der Wände innerhalb von Räumlichkeiten
- geringere Wanddicken als bei Massivwänden für mehr Nutzfläche
- bessere mögliche Schallschutzwerte als bei Massivwänden

Quelle: *Kostengünstig bauen – Schäden vermeiden. Mit vielen Konstruktionsbeispielen aus der Praxis.* (Oswald/Kottjé/Sous, 2005)

Insbesondere in dem Fall, wenn es bei der Sanierung Ihrer Immobilie zeitlich drückt, weil Sie diese z. B. selbst beziehen, zeitnah vermieten oder verkaufen möchten, sind Innenwände in Leichtbauweise eine dankbare Alternative zu Massivwänden. Sie erhalten Ihre Wand schneller und noch dazu zu einem günstigeren Preis, als es bei einer Massivwand der Fall wäre.

Die Entscheidung über den Einbau von Wänden in Leichtbauweise sollte allerdings nie ohne einen Blick auf deren Nachteile vollzogen werden. Auf der Seite der Nachteile stehen beispielsweise die **Schallbrücken**, die dann entstehen können, wenn zum Beispiel die Beplankung der Leichtbauwände an die tragenden Wände und Decken ohne eine Dichtstofffuge abgeschlossen wird. Es ist zu beachten, dass die **Verbindung von Innenwänden an tragende Wände**

oder Decken immer unter Anwendung einer Trennung verspachtelt werden sollte. Eine solche Trennung sind die Anschlussprofile. (Oswald/Kottjé/Sous, 2005) Empfohlen wird außerdem, Innenwände in Leichtbauweise keinesfalls in Eigenleistung zu montieren, ohne entsprechende Vorkenntnisse zu haben.

Tipp # 3: Dachboden zu Wohnraum ausbauen und vorgefertigte Dachelemente nutzen

Vor mehreren Jahrzehnten wurden Dachböden hauptsächlich als Lagerräume genutzt oder hatten keinen Einsatzbereich. Dies änderte sich im Verlaufe der nächsten Jahrzehnte bis zur heutigen Zeit zunehmend in die Richtung, dass Dachböden immer öfter ausgebaut wurden. Heute dienen sie oft als zusätzlicher Wohnraum. Mit der **häufigeren Nutzung von Dachböden als Wohnraum** hat sich die Fertigung der Dächer in vielerlei Hinsicht gewandelt. Beispielsweise benötigen Dächer, wie Oswald, Kottjé und Sous in Ihrem Buch *Kostengünstig bauen − Schäden vermeiden* (2005) erläutern, **folgende Elemente, die es früher beim Dacheinbau nicht brauchte:**

- Unterspannbahnen
- Wärmedämmung
- Dampfsperre

Die zusätzlichen erforderlichen Elemente und Schichten des Daches verändern die Art und Weise, wie Dächer gebaut werden. In erster Linie steigen dadurch der Kosten- und der Zeitaufwand bei der Verlegung des Daches auf der Baustelle. Falls Sie nicht vorhaben, den Dachboden nach der Sanierung als Wohnraum nutzbar zu machen, dann benötigen Sie die aufgezählten Elemente nicht. In diesem Fall wird lediglich der Dachstuhl saniert, darauf werden die Lattung und

Konterlattung befestigt und zum Abschluss deckt der Dachdecker das Dach ein. (Oswald/Kottjé/Sous, 2005) Dabei entsteht ein sogenanntes Kältedach. Die Wärmedämmung und Dampfsperre werden dann eine Schicht tiefer im Boden des Dachbodens platziert, damit die unterhalb des Dachbodens befindlichen Räume gedämmt sind.

Weil die Umwandlung des Dachbodens in Wohnraum zusätzliche Nutzfläche schafft und für Privatnutzer praktisch und für Vermieter sowie Immobilienhändler finanziell meist sinnvoll ist, ist es ratsam, das Dach zu dämmen und mit allen erforderlichen Schichten auszustatten. Falls Sie eine Baugenehmigung erhalten, können Sie Ihren Dachboden ausbauen und durch dessen Nutzung, Vermietung oder Verkauf zusätzliche Vorteile erzielen – der Aufwand des Dachbodenausbaus ist im Vergleich zum Nutzen meist gering. Folglich ist ein **Dachbodenausbau** dann, **wenn das Dach oder der Dachboden ohnehin saniert werden muss**, eine lukrative Maßnahme, die zur Kosteneffizienz Ihrer Sanierung beiträgt.

Um das Dach kosteneffizient zu dämmen und den gesamten Dachboden als Wohnraum nutzbar zu machen, empfiehlt es sich, beim Ausbau oder Umbau des Dachbodens **vorgefertigte Dachelemente** zu nutzen. Sollte das bisherige Dach nicht brauchbar sein und saniert werden müssen, dann sanieren Sie bestenfalls mit vorgefertigten Dachelementen. Diese werden unterhalb der Lattung und Konterlattung des Daches befestigt und enthalten sämtliche relevanten Elemente zur Dämmung und zum Feuchtigkeitsschutz. Auf die Lattung und Konterlattung werden schließlich die Betondachsteine zur Eindeckung des Daches platziert. (Oswald/Kottjé/Sous, 2005)

> **Hinweis!**
>
> Die Nutzung vorgefertigter Bauelemente ist auch in Bezug auf *Tipp # 1: Förderungen mit Förderkredit* im Kapitel über Förderungen interessant, denn dort wird der Kredit 261 (Wohngebäude – Kredit) der KfW vorgestellt; bei diesem Kredit werden serielle Sanierungen – also Sanierungen, bei denen vorgefertigte Bauelemente zum Einsatz kommen – mit einem 15-prozentigen Extra-Tilgungszuschuss gefördert.

Zu berücksichtigen sind bei der Entscheidung für oder gegen die **Verwendung kostengünstiger vorgefertigter Dachelemente** die spezifischen Herausforderungen. Oft ist an dem Teil, an dem die vorgefertigten Dachelemente montiert werden, die Luftdichtigkeit mangelhaft. (Oswald/Kottjé/Sous, 2005) Diesbezüglich ist es wichtig, mit den am Bau zuständigen Experten ein genaues Konzept zu besprechen, um diesem Problem bereits beim Bau vorzubeugen.

Fenster lassen sich in die Dachelemente nur in geringer Größe einbauen, da vorgefertigte Dachelemente eine geringere Tragkraft haben als ein auf dem Bau hergestelltes Dach. Zudem ist die mögliche maximale Menge an Fenstern begrenzt. (Oswald/Kottjé/Sous, 2005) Sollte der Dachboden im Vergleich zu den übrigen Räumlichkeiten eines Hauses oder eines Wohngebäudes ohnehin kleiner ausfallen, so dürften die kleineren Fenster nach der Sanierung kein Problem darstellen, denn kleine Fenster harmonieren mit einem kleinen Dachboden besser als kleinere Fenster mit einem großen Dachboden.

Tipp # 4: Türen und Fenster ohne Sturz einbauen

Um eine Tür einbauen zu können, wird im Mauerwerk eine Öffnung gelassen. Diese dient dazu, die Tür aufzunehmen, aber führt zu einem Problem: Das **Stück Wand, das oberhalb der Türöffnung ist, erfordert eine hohe Tragfähigkeit.** Sollte das Stück Wand genauso wie die restliche Wand konstruiert sein, dann würde die Wand oberhalb der Türöffnung sich vermutlich nicht mehr von selbst tragen können. Daher wird das Stück Wand über der Türöffnung in seiner Tragfähigkeit deutlich gestärkt.

Um in der Tragfähigkeit gestärkt zu werden, bestehen bei der Herstellung von Stürzen verschiedene Methoden. Üblich ist zum Beispiel der **Einsatz von Stürzen mit einer Stahlbewehrung.** Während früher oft Stahlbeton frisch verarbeitet wurde und Stürze auf der Baustelle hergestellt wurden, finden heutzutage immer häufiger Fertigstürze Anwendung. Auch diese bestehen oft aus Stahlbeton oder haben zumindest Stahlträger. [Grimm, 2017]

Die Anschaffung und Montage eines Sturzes erfordert in jedem Fall einen erhöhten Aufwand. Wenn Sie bei Ihrer Immobilie eine neue Türöffnung, Fensteröffnung oder eine andere Art von Öffnung in die Wand einbauen oder Wände mit Öffnungen sanieren möchten, existiert eine Alternative: nämlich die **Nutzung raumhoher Türen, Fenster und sonstiger Elemente.**

Raumhohe Türen reichen entweder bis an die Decke oder enthalten ein Oberlicht. Ein Oberlicht ist ein Fenster, das über der Tür angebracht ist und dazu dient, von der Höhe der Tür bis zur Decke eine Verbindung zu schaffen. Der fehlende Sturz kann demnach zum einen durch eine Tür, die bis zur Decke reicht, kompensiert werden. Zum anderen ist es möglich, ersatzweise ein Oberlicht einzubauen. Die **Nutzung eines Oberlichts** hat den Vorteil, dass Sie **nicht für die Maßanfertigung einer raumhohen Tür zahlen müssen**, sondern eine Tür in genormter Größe kaufen und den Abstand bis zur Decke mit einem kostengünstigen Fenster überbrücken können.

Für Fenster besteht ebenfalls die Option einer sturzlosen Ausführung, wobei – wie bei Türen –entweder raumhohe Fenster individuell angefertigt oder die Distanz vom Fenster bis zur Decke mittels Oberlicht überbrückt wird.

Der Verzicht auf einen Sturz trägt bei raumhohen Fenstern oder Türen mit Oberlicht zu einem **größeren Lichteinfluss** bei. Wenn Ihnen das als Privatnutzer der Immobilie gefällt, dann ist die Marschroute einfach: Verzichten Sie auf den Sturz und machen Sie dadurch die Sanierung kosteneffizienter!

Als schwieriger erweist die Entscheidungsfindung hingegen für Vermieter und Immobilienhändler, die die Immobilie nicht selbst beziehen werden. Zwar wird auch hier die Sanierung durch den Verzicht auf einen Sturz kosteneffizienter, jedoch sind vor allem **raumhohe Türen und Türen mit Oberlicht in Deutschland nicht weit verbreitet und ungewöhnlich**. Dies kann den Verkauf der Immobilie erschweren. Als Vermieter oder Immobilienhändler sollten Sie also überlegen, ob Sie die Vorteile von Fenstern und Türen ohne Sturz den Miet- bzw. Kaufinteressenten gut argumentieren können, ehe Sie durch den Verzicht auf Tür- und Fensterstürze bei der Sanierung an Kosten sparen.

> **_Hinweis!_**
>
> Nutzen Sie als Vermieter und Immobilienhändler bei der Sanierung für mindestens ein Zimmer eine raumhohe Tür oder eine Tür mit Sturz, sodass bei geschlossener Tür von außen kein Licht eindringt. Oft stört es nämlich Familien mit Kindern, wenn sie keine Möglichkeit haben, das Kinderzimmer komplett abzudunkeln, weil dann der Nachwuchs schlechter einschläft.

Tipp # 5: Steile Treppen und/oder Treppen in Fertigbauweise wählen

Hier geht es um das komplette Gegenteil einer altersgerechten Sanierung, wie sie in Tipp # 2 des vorigen Kapitels beschrieben wurde: den Einbau steiler Treppen. Für ältere Personen sind diese Treppen schwer begehbar, aber für Ihren Geldbeutel bei der Sanierung absolut vorteilhaft. **Durch den Einbau einer steilen Treppe sparen Sie zum einen an Baumaterial, zum anderen an Platz.**

Die Ersparnisse an Ersterem senken die Kosten für die Sanierung, während der Platzgewinn dazu beiträgt, dass die Wohnung **mehr Raum für Möbel oder freie Fläche** bietet. Letzteres führt im Optimalfall zu einer leichteren Vermarktung der Immobilie an Miet- und Kaufinteressenten. Insbesondere bei Sanierungen kleiner Maisonette-Wohnungen oder kleiner Häuser sollten Sie möglichst platzsparende Sanierungsmaßnahmen durchführen lassen. Hier bietet sich die Wahl einer steilen Treppe an.

Um den erschwerten und ggfs. unsicheren Aufstieg einer steilen Treppe zu verbessern, sind **Antirutsch-Beschichtungen der Treppenstufen sowie massive Geländer auf beiden Seiten der Treppe** zu empfehlen. (Upstairs TREPPENRENO-

VIERUNG, 2016) Darüber hinaus kann die Konstruktion als Wendeltreppe das Verletzungsrisiko bei Stürzen mindern.

Abgesehen von dem steilen Anstieg einer Treppe verbirgt sich im **Kauf einer Treppe in Fertigbauweise** ein weiteres Einsparpotenzial. Wenn es bei Ihrer Sanierung möglich ist, können Sie eine fertig gebaute Treppe kaufen und diese einsetzen. Die Treppen in Fertigbauweise setzen sich in der Regel aus mehreren Treppenelementen zusammen, sodass Sie durch Aufeinandersetzen der einzelnen Elemente die gewünschte Höhe der Treppe erreichen, die Sie bei Ihrer Immobilie zum nächsten Stockwerk benötigen.

Tipp # 6: Auf Putz verlegte Heizungsrohre

Von „auf Putz" oder „über Putz" ist die Rede, wenn Heizungsrohre sichtbar verlegt werden. Sie sind dann vor der Wand montiert und verlaufen zum Heizkörper. Speziell in Altbauten und Gebäuden aus dem letzten Jahrtausend treten gehäuft auf Putz verlegte Heizungsrohre und manchmal auf Putz verlegte Wasserrohre auf. Auch wenn die Sichtbarkeit der Heizungsrohre optisch nicht ansprechend ist, so ist die **Verlegevariante der Heizungsrohre auf Putz äußerst kosteneffizient.**

Sollten Sie im Rahmen Ihrer Sanierung die Heizungsanlage austauschen, dann lassen Sie die Heizungsrohre auf Putz verlegen. Neben einer Kosteneinsparung profitieren Sie davon, dass die **Reparatur der oberflächlich verlaufenden Heizungsrohre vereinfacht** ist. Da sie über dem Putz liegen, muss für deren Reparatur die Wand nicht aufgebrochen werden – das senkt die langfristigen Kosten, denn irgendwann fallen bei den Heizungsrohren bestimmt Reparaturen an. Des Weiteren sind die Kontrolle der Heizungsrohre sowie die frühzeitige Erkennung von Schäden bei über dem Putz befindlichen Rohren einfacher, sodass **größere Schäden und**

teure Sanierungen durch frühzeitiges Eingreifen bei Mängeln vermieden werden können.

Auch in modernen Neubauten werden Heizungsrohre vereinzelt über Putz verlegt, wenngleich die Häufigkeit dieser Verlegevariante rückläufig ist. Meist ist die Optik der Grund, weshalb von der Verlegung von Heizungsrohren auf dem Putz abgesehen wird. Jedoch bestehen diverse Möglichkeiten, Heizungsrohre selbst zu verkleiden oder zu überstreichen. Sollten Sie das in Tipp # 9 dieses Kapitels erwähnte Home Staging durchführen, ist eine Möblierung der Immobilie im **Industrial Loft Style** möglich. In diesem industriellen Einrichtungsstil gehen die Heizungsrohre kaum bemerkt unter oder sie harmonieren sogar ausgezeichnet mit der Einrichtung, sofern sie in einer passenden Farbe überstrichen werden. (Deckert, 2019)

Zu den triftigen Nachteilen von Heizungsrohren auf Putz gehört weniger deren Optik, sondern vor allem die Tatsache, dass sie die **Übertragung von Schall fördern und somit zu einem höheren Lautstärkepegel führen** können. Ein Beispiel: Wenn Ihre Heizungsrohre unter dem Boden verlaufen und in der schalldämmenden Schicht eines schwimmend verlegten Bodens angebracht sind, verschlechtern sie die Trittschalldämmung um bis zu 25 Dezibel und somit deutlich! Daher ist es essenziell, **Heizungsrohre in einer separaten Schicht unter der schalldämmenden Schicht zu verlegen** und Dämmstoff zwischen den Heizungsrohren zu platzieren. (Oswald/Kottjé/Sous, 2005)

Tipp # 7: An Materialien sparen

Die Ersparnismöglichkeiten bei der Materialwahl sind enorm. Teilweise besteht sogar die Option, auf Materialien zu verzichten. Das beste Beispiel für den Materialverzicht sind die Bodenbeläge und Wandverkleidungen: Zwar ist es nicht üblich, aber auf alle Fälle möglich, **Boden und Wände ohne Beläge** zu belassen. In diesem Fall werden der Estrichbeton auf dem Boden und der Putz an den Wänden und Decken geglättet – hierauf kommt im Anschluss nichts mehr.

Lange Zeit war Estrich als oberste Bodenschicht in Lagerhallen und Garagen üblich, doch mittlerweile hält er als Designboden immer häufiger Einzug in Räumlichkeiten. Putz an Wänden gilt ohnehin schon seit geraumer Zeit als angesagte Alternative zu Tapeten, weil **verputzte Wände mehr Raum zum „Atmen" haben und der Schimmelentstehung vorbeugen**.

Die Kombination eines Estrichbodens und verputzter Wände sowie Decken bietet sogar Spielräume zur Umsetzung antiker Raumgestaltungen: Indem zum Beispiel die Kanten beim Übergang zwischen Boden und Wand sowie Wand und Decke abgerundet werden, entstehen weiche Übergänge, wie sie in altrömischen und altgriechischen Räumen vorzufinden waren. Sollte in der Immobilie noch die eine oder andere Säule als Alternative zur tragenden Innenwand stehen, würden der Estrichboden sowie die verputzten Wände und Decken perfekt damit harmonieren.

> *Hinweis!*
>
> Immobilienhändler geben, sofern Sie auf dem Estrich keinen Bodenbelag auslegen, Kaufinteressenten die Möglichkeit, den eigenen bevorzugten Bodenbelag verlegen zu lassen. Dies steigert zwar nicht den Verkaufswert der Immobilie, doch erleichtert unter Umständen die Käufersuche, da die Käufer keinen bestehenden Bodenbelag abreißen müssen, um ihren gewünschten Bodenbelag zu verlegen.

Abgesehen vom Estrichboden und dem Putz an Wänden sowie Decken bestehen **Ersparnismöglichkeiten beim Material für Türen und Fenster.** Türen und Fenster aus Kunststoff oder hochdichten Faserplatten (HDF) haben vereinzelt lediglich die Hälfte des Preises von Türen und Fenstern aus massiveren Materialien. Bei der Wahl kostengünstiger Türen und Fenster ist zu berücksichtigen, dass diese sich schneller abnutzen und meist schlechter reparieren lassen als Türen und Fenster aus beispielsweise Massivholz. Unter langfristigem Blickwinkel ist eine Investition in Bauteile in dieser Qualität nicht sinnvoll, doch bei einem engen Geldbeutel sind solche Bauteile eine optimale Lösung zur kosteneffizienten Sanierung.

> *Hinweis!*
>
> Als Privatnutzer können Sie die Einsparung am Material auf die Spitze treiben: Wählen Sie für den Innenbereich Falttüren, die oft nur 10 % des Kaufpreises von Massivholz- und Aluminiumtüren haben. Da Privatnutzer lediglich ihre eigenen Interessen berücksichtigen müssen, steht ihnen diese Option offen. Für Vermieter und Immobilienhändler sind Falttüren im Rahmen der Sanierung hingegen keine Option, denn Falttüren sind als Innentüren derart unkonventionell, dass deren Einbau in der Immobilie das Finden von Miet- bzw. Kaufinteressenten deutlich erschweren würde.

Eine Stelle, an der Sie keineswegs sparen sollten, ist die **Außentür, die allein aus Sicherheitsgründen hochwertig und massiv verarbeitet sein sollte.** Außerdem sollten das Dach, die Dämmmaterialien und die Außenfassade aufgrund ihrer wichtigen Rollen für die Einsparung von Energie und für die Bausubstanz der gesamten Immobilie eine hohe Qualität aufweisen. Achten Sie zudem auf eine hohe Materialqualität bei sämtlichen Bestandteilen der Immobilie, die bei Reparaturen schlecht zugänglich sind. Hiervon betroffen sind beispielsweise **Stromleitungen und Rohre.**

Tipp # 8: Böden und Rohre mit Schallschutz ausstatten

Zu einer kosteneffizienten Sanierung gehört auch alles, was Ihnen im Nachhinein kostspielige Probleme erspart. Möchten Sie sich als Privatnutzer nicht über störenden Trittschall oder das Rauschen in den Rohren aufregen, ist die Ausstattung des Bodens und der Rohre mit einem Schallschutz eindringlich empfohlen. Auch Vermieter und Immobilienhändler tun gut daran, einen Schallschutz einzubauen, denn lauter Trittschall sowie das Rauschen von Wasser durch die Rohre werden meist bei der ersten Begehung durch die potenziellen Mieter bzw. Immobilienkäufer entlarvt.

Bei Böden wird die **Trittschalldämmung durch eine zusätzliche Schicht unter dem Bodenbelag** realisiert. Auf den Estrich kommt die Trittschalldämmung, darauf die Wärmedämmung und obendrauf der Bodenbelag. Bei Rohren ist ein Schallschutz noch leichter umsetzbar: Die **Rohrschalen zur Dämmung haben meist einen Schlitz, der lediglich über das Rohr gestülpt werden muss** – und schon ist der Schallschutz fast fertig. Danach ist nur noch eine Dämmung der Rohrschellen zu beachten. Die Rohrschellen dienen der Befestigung der Rohre an der Wand und an der Decke. Wenn Sie spezielle Rohrschellen mit Gummieinlage durch den Sanitärinstallateur kaufen und montieren lassen, dann sind auch die Rohrschellen ausreichend gedämmt und Sie haben Ruhe im Rohr. (Meyer, 2009)

Tipp # 9: Home Staging durchführen

Home Staging dient dazu, Immobilien verkaufsfördernd auszustatten. Sie möblieren als Vermieter oder Immobilienhändler die Räumlichkeiten Ihrer Immobilie, um diese leichter zu vermieten bzw. zu verkaufen. Im Kontext mit der Vermietung spricht man nicht vom Home Staging, sondern einfach von der Vermietung einer teilmöblierten oder möblierten Wohnung. Dennoch – da die Möblierung auch für Mieter von Vorteil sein und die optische Attraktivität einer frisch sanierten Immobilie steigern kann – wird in diesem Kontext auf die Möblierung von Wohnungen und Häusern zur Vermietung eingegangen.

Als Vermieter haben Sie den Vorteil, dass Sie durch die Vermietung einer möblierten Immobilie eine **höhere Miete verlangen** dürfen. Da gesetzlich keine Vorschriften bezüglich der Qualität der Möbel bestehen, können Sie getrost auf günstige Ausstattung zurückgreifen. Allerdings listet das Gesetz mehrere Möbel auf, die vorhanden sein müssen, um einen Möblierungszuschlag verlangen zu dürfen:

- Schränke
- Stühle
- Tisch
- Bett
- Kücheneinrichtung
- Lampen
- Sitzgruppe im Wohnzimmer
- Gardinen
- Bettwäsche

Quelle: Wie sehen Ihre Rechte und Pflichten als Vermieter von möblierten Wohnungen auf Zeit aus? (KGK Rechtsanwälte, 2023)

Sollten Teile dieser Ausstattung nicht vorhanden sein, dürfen Sie als Vermieter unter Umständen einen Möblierungszuschlag aufgrund einer Teilmöblierung verlangen. Näheres dazu, wie viel höher die Miete bei einer möblierten Wohnung oder einem möblierten Haus sein darf und welche Voraussetzungen konkret gelten, erfahren Sie im letzten Kapitel, das Sie mit gesetzlichen Pflichten und Möglichkeiten vertraut macht.

Immobilienhändler stehen beim Home Staging größeren Herausforderungen als Vermieter gegenüber. Da Käufer der Immobilie die **Möbel ebenfalls kaufen und mehr als deren Anschaffungspreis zahlen** – der Aufwand für die Möblierung wird ebenfalls bezahlt und in den Verkaufspreis nach Ermessen des Immobilienhändlers einberechnet –, muss die möblierte Immobilie qualitativ den Ansprüchen der Zielgruppe genügen.

Ist das Ziel des Immobilienhändlers, die Immobilie an wohlhabende Personen zu verkaufen, dann sollten die Möbel den vermuteten qualitativen Ansprüchen dieser Zielgruppe genügen – will meinen: Vollholz statt Spanplatten, Designer-Ware statt *IKEA*. Bei einer Zielgruppe, die sich mit geringeren Ansprüchen an die Qualität der Möbel assoziieren lässt, dürfen Immobilienhändler das Home Staging mit Möbeln und Produkten von *IKEA* oder von Läden mit vergleichbarer Qualität durchführen.

Unabhängig davon, in welcher Preis- und Qualitätsklasse Sie Inneneinrichtung für Ihr Home Staging kaufen, sollten Sie sich an eine Regel halten: Wählen Sie lieber **zeitlose anstelle von trendigen Waren**. Trend-Ware ist kurzlebig und eventuell bekommen Sie die Immobilie nicht verkauft, ehe der Trend vorbei ist. In der Folge wird es Ihnen jedoch schwerfallen, die Immobilie mit aus der Mode gekommener Inneneinrichtung zu verkaufen. Ein Home Staging ergibt nur dann Sinn, wenn Sie es unter dem Blickwinkel durchführen, dass die Inneneinrichtung auch in mehreren Jahren und Jahrzehnten noch angesagt sein sollte.

Tipp # 10: Selbst Hand anlegen

Grundsätzlich werden Sanierungsmaßnahmen von Handwerksbetrieben durchgeführt. Dies gewährleistet, dass die Maßnahmen professionell stattfinden. Eine nicht professionelle Durchführung der Sanierung könnte Defizite der Immobilie zur Folge haben, wie beispielsweise eine höhere Schimmelgefahr durch eine fehlerhafte Dämmung. Dennoch sind bestimmte Sanierungsarbeiten bzw. Teile auch für Laien problemlos durchführbar. Hierzu zählen unter anderem die **destruktiven Arbeiten, wie das Entfernen des alten Bodenbelags und der alten Tapete.**

Bei der Entfernung des alten Bodenbelags braucht es grundsätzlich kein Vorwissen. Sie leihen sich im Baumarkt einen Presslufthammer aus, wenn Sie bei Ihrer Arbeit zügig vorankommen möchten und der Bodenbelag besonders stark befestigt ist. Keinen Presslufthammer brauchen Sie, wenn Sie mit einem Metallhammer zu Werke gehen und in Kauf nehmen, dass die Arbeitszeit länger dauert. Bei locker befestigten Bodenbelägen wie Laminat und Parkett braucht es – falls überhaupt Ausstattung notwendig ist – lediglich eine Brechstange, um die Planken auszuheben. Die Entfernung von Teppichen gelingt Ihnen unter Verwendung eines Cutter-Messers; bei besonders stark verklebten Teppichen verwenden Sie eine Teppichklaue zum Abziehen des Teppichs.

Für die **Entfernung der Tapete** lohnt es sich, zu wissen, dass Feuchtigkeit die Arbeit erleichtert. Die **Feuchtigkeit löst den Kleber auf** und vereinfacht das Abziehen der Tapete. Schaffen Sie sich eine spezielle Sprühflasche für wenige Euro an und befüllen Sie diese mit warmem Wasser; dieses wirkt nämlich wesentlich besser als kaltes, da die Teilchenbewegung bei hohen Temperaturen schneller verläuft und sich der Kleber der Tapete dadurch besser löst. Sprühen Sie die Tapete mehrmals und großzügig mit dem Wasser ein. Lassen Sie das Wasser ca. 30 Sekunden einwirken und beginnen Sie daraufhin damit, die Tapete mithilfe eines Spachtels wegzukratzen. Damit die Tapete nicht zu schnell trocknet, **geben Sie dem Wasser am besten ein bisschen Seife bei** oder – so kommen Sie noch effizienter voran – nutzen Sie einen speziellen Tapetenlöser.

Nicht alle destruktiven Arbeiten sollten Sie selbst übernehmen. Beispielsweise **birgt die Entfernung des Daches oder der Wände das Risiko von Unfällen.** Teile des Daches könnten von oben herabfallen und Passanten treffen, während einige Wände für die Statik des Gebäudes unverzichtbar sind. Die Entfernung tragender Wände würde höchstwahrscheinlich früher oder später zu Zusammenbrüchen einzelner Teile des Gebäudes führen. Übernehmen Sie daher nur destruktive Arbeiten, bei denen das Mauerwerk, das Dach sowie die Elektro-, Heizungs- und Wasserinstallationen unberührt bleiben. Die Entfernung eines alten Putzes von der Außenfassade wäre beispielsweise unbedenklich. Auch die Entfernung von Fenstern und der alten Dämmung des Daches ist eine sichere Arbeit, sofern das Dach von innen gedämmt wurde.

Abgesehen von destruktiven Arbeiten existieren **einige konstruktive Arbeiten, also Aufbauarbeiten, die Sie in die eigene Hand nehmen können.** Neben Bodenlegearbeiten, dem Verputzen der Wände, dem Anstrich, dem Tapezieren, dem Einbau von Fenstern sowie Türen und anderen oberflächlichen Arbeiten um die Immobilie und in der Immobilie gehören sogar Arbeiten am Mauerwerk und an der Wasserinstallation dazu. Die Website *wohnnet* führt unter anderem folgende mögliche Eigenleistungen an:

- Betonarbeiten
- Mauerwerk hochziehen
- Wärmedämmung des Dachbodens
- Wasserinstallationen

Quelle: *So senken Sie die Sanierungskosten* (wohnnet, 2017)

Unter **Betonarbeiten** ist beispielsweise das eigenständige **Gießen des Fundaments** zu verstehen. Das Fundament bildet die Grundlage für das gesamte Gebäude. Ein Aushub der Erde, die Platzierung der Platte für das Fundament sowie die Schal- und Bewehrungsarbeiten sollte stets ein Fachbetrieb durchführen, doch das Gießen des Fundaments ist in Eigenregie möglich. Hierfür gibt es online mehrere Anleitungen. Aufgrund der Komplexität sowie der geringen Menge an Anleitungen ist Personen ohne Vorerfahrungen allerdings eindeutig vom Gießen des Fundaments abzuraten. Anders verhält es sich bei den anderen Eigenleistungen.

Das **Mauerwerk hochzuziehen** ist bereits deutlich einfacher umsetzbar als das Gießen des Fundaments. Seriöse und genaue Anleitungen wie die von HORNBACH unter https://www.hornbach.de/projekte/waende-mauern/ (siehe Wände mauern) verschaffen einen guten Eindruck darüber, wie die Arbeit zu bewerkstelligen ist. Personen, die tatsächlich selbst Hand anlegen möchten, sind dennoch gut damit beraten, die ersten Schritte der Arbeit und die ersten Wände von einer Fachperson prüfen zu lassen. Denn diese gibt eine Einschätzung ab, ob die Arbeit so fortgesetzt werden kann oder Risiken durch zum Beispiel eine ungenaue Durchführung der Arbeit bestehen. Um das Mauerwerk hochziehen zu können, muss zuvor mit einem Architekten oder einer anderen Fachperson ein Entwurf des Bauwerks mit genauen Abmessungen festgelegt worden sein. Dies ist wichtig, damit das hochgezogene Mauerwerk die statischen Anforderungen erfüllt und das gesamte Gebäude sicher steht.

Bei der **Wärmedämmung des Dachbodens** handelt es sich um eine der einfachsten Arbeiten für Laien. Zwar können unerfahrenen Heimwerkern auch hierbei Fehler oder Ungenauigkeiten unterlaufen, doch sind diese in der Regel weniger gravierend. Wie das Dach gedämmt wird und ob Laien die Dämmung selbstständig vornehmen können, hängt zudem von der Art der Dämmung ab. Besonders anfängerfreundlich ist die Zwischensparrendämmung, die das Bauhaus *OBI* in seinem *OBI Magazin* unter dem Link https://www.obi.de/magazin/bauen/decke/dach-daemmen (siehe Dach dämmen – Schritt für Schritt) erläutert. Die langen Sparren, die unterhalb des Dachs verlaufen und am Dachboden bei einem Blick von unten auf das Dach gut zu sehen sind, werden für die Dämmung durch die Befestigung von Kanthölzern präpariert. Über den Dachsparren sowie unter den Dachziegeln wird eine Unterspannfolie angebracht. Damit die feuchte Luft von innen nach außen abtransportiert werden kann, ist es wichtig, dass die Folie diffusionsoffen ist. Nachdem die Dämmstoffe zugeschnitten wurden, klemmt man sie zwischen den Dachsparren ein. Dann liegen sie auf der Unterspannfolie auf, sodass durch die Folie auch die Feuchtigkeit der Dämmung abtransportiert werden kann. Die weiteren Schritte bei der Wärmedämmung des Dachbodens: Dampfbremsfolie anbringen, Nahtstellen der Dampfbremsfolie verkleben und eine Unterkonstruktion unter der Dachdämmung anbringen. (OBI Magazin, 2022)

Zu guter Letzt erfolgt die **Verlegung von Wasserleitungen** als eine weitere konstruktive Arbeit, die Sie selbst durchführen können: Es gibt verschiedene Do-it-yourself-Systeme für Trinkwasserleitungen, die in Baumärkten verkauft werden. Der Hausanschluss vom Wasserversorgungsunternehmen zum Haus wird – falls ein solcher Anschluss nicht bereits vorhanden ist – von einem Experten des Wasserversorgungsunternehmens verlegt. Überdies müssen Sie den Anschluss der Leitungen an einen Wasserzähler durch eine Fachkraft vom Wasserwerk vornehmen lassen. Sind diese Anschlüsse angebracht, können Sie die übrigen Wasserleitungen innerhalb Ihres Gebäudes selbst verlegen. Informieren Sie sich in Anleitungen im Internet über die Vorgehensweise bei der Installation von Wasserleitungen und vergewissern Sie sich vor dem Kauf von Rohren, dass diese eine Zulassung des Deutschen Vereins des Gas- und Wasserfaches (DVGW) haben. (selbst, 2022)

Abschließend ist zu konstatieren, dass **destruktive Arbeiten, die nicht in die Statik, das Dach oder die Heizungs-, Wasser- und Elektroinstallationen eingreifen, für Laien stets durchführbar** sind. Lesen Sie sich online auf mehreren Seiten Tipps und Anleitungen zu den verschiedenen Arbeiten durch, um die jeweilige Abbauarbeit möglichst schnell vollziehen zu können. **Konstruktive Arbeiten sind ebenfalls in Eigenregie durchführbar**. Es ist kein Muss, aber bei den meisten konstruktiven Arbeiten sinnvoll, dass Sie Erfahrungen auf dem jeweiligen Gebiet (z. B. Bodenverlegung; Wände verputzen) haben. Falls Sie sich unsicher sind, geben Sie die Arbeit immer in die Hand von Experten, denn Fehler bei Wasserinstallationen oder beim Mauerwerk können teure Reparaturen nach sich ziehen.

Gesetzeskonform: 10 Tipps zu relevanten Gesetzen und Kostenersparnissen

Die gesetzlichen Vorschriften für Immobilieneigentümer reichen in viele juristische Bereiche hinein: In die Versicherungspflichten, ins Steuerrecht, die Gewährleistungszeit und Bezahlung für Handwerkerarbeiten. Sogar beim Konzept Fix & Flip, bei dem Immobilien nur eine Zeit lang gehalten, erneuert und dann wiederverkauft werden, gelten für Immobilienhändler zahlreiche Auflagen. Nicht nur Privatnutzer sind verpflichtet, ihre Immobilie zu versichern, sondern ebenso kurzfristige Eigentümer wie Immobilienhändler.

Los geht's!

Relevante Gesetze rund um die Sanierung, die Modernisierung sowie den Besitz von Immobilien zu kennen, hilft zum einen bei der Prävention von Strafen, die im Falle eines Gesetzesverstoßes anfallen würden. Zum anderen tragen Gesetzeskenntnisse zu Kostenvorteilen bei, weil sich Steuerersparnisse besser nutzen lassen. Erfahren Sie in den kommenden Abschnitten, wie Sie die Gesetze berücksichtigen und bestenfalls zu Ihrem Vorteil nutzen!

Tipp # 1: Sanierungskosten steuerlich absetzen und an Steuern sparen

Die steuerliche Absetzbarkeit von Renovierungs-, Modernisierungs- und Sanierungskosten ist verknüpft mit der Frage, welchen Zweck Sie mit dem Besitz der Immobilie verfolgen. Somit variiert die Art und Weise, wie Privatnutzer, Vermieter und Immobilienhändler die im Zusammenhang mit der Immobilie anfallenden Kosten steuerlich absetzen dürfen. Auf die spezifischen Aspekte der steuerlichen Absetzbarkeit für Privatnutzer, Vermieter und Immobilienhändler wird im Folgenden eingegangen.

> *Hinweis!*
>
> Es kann passieren, dass Renovierungs-, Sanierungs- und Modernisierungsmaßnahmen nicht im Jahr der Entstehung steuerlich absetzbar sind. Stattdessen ist es Pflicht, die Kosten über die Abschreibung für Abnutzung (AfA) über mehrere Jahre abzuschreiben. Auf die Gebäude-AfA wird in den nächsten zwei Tipps # 2 und # 3 in diesem Kapitel separat eingegangen. Dabei erfahren Sie die AfA-Sätze für die verschiedenen Gebäude-Arten sowie die Dauer, über die die Renovierungs-, Modernisierungs- und Sanierungsmaßnahmen abzuschreiben sind.

Bitte beachten Sie, dass in diesem Ratgeber hauptsächlich auf die steuerliche Absetzbarkeit jener Kosten, die im Zusammenhang mit Renovierungs-, Modernisierungs- und Sanierungsmaßnahmen stehen, eingegangen wird. Selbst hierbei wird nur auf die wichtigsten Aspekte Bezug genommen. Eine umfassende steuerrechtliche Aufklärung würde den Rahmen dieses Kapitels und auch des gesamten Ratgebers sprengen. **Lassen Sie sich in jedem Fall von einem Steuerberater individuell beraten!**

Steuerliche Absetzbarkeit von Sanierungskosten für Privatnutzer

In allen Bereichen des Steuerrechts erweist sich die Absetzbarkeit jener Kosten, die im Rahmen des Privatlebens der Bürger anfallen, als problematisch. Lediglich bei der Kranken- und Pflegeversicherung, bei der Rentenversicherung sowie bei einigen weiteren Kostenfaktoren wird eine Ausnahme gemacht. Die Mietzahlungen hingegen sind nicht steuerlich absetzbar, es sei denn, ein Teil der Immobilie wird als Arbeitszimmer genutzt. Falls es zum Beispiel ein Arbeitszimmer gibt, sind sämtliche damit in Verbindung anfallenden Kosten absetzbar, wozu beispielsweise alle Renovierungs-, Modernisierungs- und Sanierungskosten zählen.

Im Folgenden wird von einer **kompletten Privatnutzung** der Immobilie ausgegangen. Welche Kosten – insbesondere im Zusammenhang mit Sanierungen – lassen sich in diesem Fall steuerlich geltend machen und tragen durch die Reduzierung der Steuerlast zu einer kosteneffizienten Sanierung bei? Zu diesem Thema verschafft **§ 35a des Einkommensteuergesetzes (EStG)** Klarheit:

„Für die Inanspruchnahme von Handwerkerleistungen für Renovierungs-, Erhaltungs- und Modernisierungsmaßnahmen ermäßigt sich die tarifliche Einkommensteuer, vermindert um die sonstigen Steuerermäßigungen, auf Antrag um 20 Prozent der Aufwendungen des Steuerpflichtigen, höchstens jedoch um 1 200 Euro. Dies gilt nicht für öffentlich geförderte Maßnahmen, für die zinsverbilligte Darlehen oder steuerfreie Zuschüsse in Anspruch genommen werden." (Bundesministerium der Justiz, 2023)

Sollten Sie als Privatnutzer Ihrer Immobilie eine **Handwerkerleistung** durchführen lassen, die dem Austausch der Fenster, einem Neuanstrich der Wände oder dem Austausch der Heizungsanlage dient, dann dürfen Sie **bis zu einem Betrag von 1.200 Euro die Kosten steuerlich absetzen, dabei aber lediglich 20 % der Kosten geltend machen.** Folgendes Rechenbeispiel zeigt, was Sie im Falle von 4.800 Euro Kosten für eine Handwerkerleistung absetzen dürften.

$$4.800 \text{ Euro} \times 0{,}2 - 960 \text{ Euro}$$

Hier würden Sie die Obergrenze zur steuerlichen Absetzbarkeit in Höhe von 1.200 Euro nicht überschreiten und könnten auch die Kosten für andere Sanierungsarbeiten steuerlich geltend machen. Zu beachten ist dabei allerdings, dass sich die steuerliche Absetzbarkeit lediglich auf den Netto-Betrag exklusive der 19 % Mehrwertsteuer bezieht. Außerdem dürfen nur die Arbeitskosten, nicht jedoch die Materialkosten abgesetzt werden, wie § 35a Absatz 5 des EStG zu entnehmen ist. Bestehen Sie daher auf eine Rechnung des Handwerkers, in der die Materialkosten und Arbeitskosten separat aufgelistet sind. Zudem gelten **bei der Absetzbarkeit der Handwerkerkosten gemäß § 35a Absatz 5 EStG folgende Anforderungen:**

- „Voraussetzung für die Inanspruchnahme der Steuerermäßigung [...] für Handwerkerleistungen nach Absatz 3 ist, dass der Steuerpflichtige für die Aufwendungen eine Rechnung erhalten hat und die Zahlung auf das Konto des Erbringers der Leistung erfolgt ist."

- „Leben zwei Alleinstehende in einem Haushalt zusammen, können sie die Höchstbeträge nach den Absätzen 1 bis 3 insgesamt jeweils nur einmal in Anspruch nehmen."

Übrigens gelten bei einer **Denkmalimmobilie,** die Sie zur Selbstnutzung halten und sanieren lassen, andere Vorschriften. Hier dürfen Sie – sofern Sie sämtliche Bedingungen erfüllen – **über eine Dauer von 10 Jahren** nach Abschluss der Renovierungs-, Modernisierungs- und Sanierungsmaßnahmen bis zu 90 % der gesamten Kosten, dabei **je 9 % der Kosten pro Jahr, steuerlich absetzen.** Alle Bedingungen zur steuerlichen Absetzbarkeit von Maßnahmen an Denkmalimmobilien finden Sie unter dem Link https://www.gesetze-im-internet.de/estg/__10f.html in § 10f des EStG:

„Der Steuerpflichtige kann Aufwendungen an einem eigenen Gebäude im Kalenderjahr des Abschlusses der Baumaßnahme und in den neun folgenden Kalenderjahren jeweils bis zu 9 Prozent wie Sonderausgaben abziehen, wenn die Voraussetzungen des § 7h oder des § 7i vorliegen. Dies gilt nur, soweit er das Gebäude in dem jeweiligen Kalenderjahr zu eigenen Wohnzwecken nutzt […].“ (Bundesministerium der Justiz, 2023)

Abgesehen von den Handwerkerleistungen sind für Privatnutzer noch die **energetischen Maßnahmen absetzbar.** Als energetische Maßnahmen werden in § 35c Absatz 1 des EStG folgende aufgelistet:

- Wärmedämmung von Wänden
- Wärmedämmung von Dachflächen
- Wärmedämmung von Geschossdecken
- Erneuerung der Fenster oder Außentüren
- Erneuerung oder Einbau einer Lüftungsanlage
- Erneuerung der Heizungsanlage
- Einbau von digitalen Systemen zur energetischen Betriebs- und Verbrauchsoptimierung
- Optimierung bestehender Heizungsanlagen, sofern diese älter als zwei Jahre sind

Quelle: *Einkommensteuergesetz (EStG) § 35c Steuerermäßigung für energetische Maßnahmen bei zu eigenen Wohnzwecken genutzten Gebäuden* (Bundesministerium der Justiz, 2023)

Auch die „**Kosten für Energieberater,** die vom BAFA als fachlich qualifiziert zum Förderprogramm ‚Energieberatung für Wohngebäude (Vor-Ort-Beratung, individueller Sanierungsfahrplan)‘ zugelassen sind", sind steuerlich absetzbar. (§ 35c, Absatz 1 EStG) Eine der Bedingungen, um die Kosten für energetische Maßnahmen sowie Energieberater steuerlich absetzen zu dürfen, ist der **Verzicht auf öffentliche Förderungen,** „für die zinsverbilligte Darlehen oder steuerfreie Zuschüsse in Anspruch genommen werden." (§ 35c, Absatz 3 EStG) Da die Höhe der absetzbaren Kosten und die weiteren Bedingungen für die steuerliche Absetzbarkeit komplex sind, werden die Details hier nicht vertieft, sondern sollten mit einem Steuerberater individuell besprochen werden.

An dieser Stelle sei nochmals auf die Sinnhaftigkeit einer steuerlichen Beratung eingegangen: Allein mit Blick auf die letztjährigen Anpassungen der Grundsteuererklärung, die vielen Immobilieneigentümern aufgrund der Komplexität Probleme bereitet haben, ist es vernünftig, wenn Sie ein Steuerberater bei der Wahrnehmung all Ihrer steuerlichen Pflichten rund um die Immobilie betreut. Der Steuerberater wird Sie dabei zu den Steuervorteilen beraten, die Sie als Immobilieneigentümer sowie Mitglied in einer Wohnungseigentümergemeinschaft (WEG) haben. Zudem wird der Steuerberater Informationen zur Absetzbarkeit von Maßnahmen, die den außergewöhnlichen Belastungen (z. B. Reparaturen nach Stürmen) angehören, bereithalten.

> *Hinweis!*
>
> In § 35a unter dem Link https://www.gesetze-im-internet.de/estg/__35a.html können Sie sich außerdem darüber informieren, ob eine Absetzbarkeit der haushaltsnahen Dienstleistungen für Sie infrage kommt. Weil haushaltsnahe Dienstleistungen mit einer Sanierung nichts zu tun haben, bleibt dies nur eine weiterführende Information, auf der an dieser Stelle nicht näher eingegangen wird.

Steuerliche Absetzbarkeit von Sanierungskosten für Vermieter

Vermieter und Immobilienhändler dürfen aufgrund der Gewinnerzielungsabsicht sämtliche Kosten einer Renovierung, Sanierung und Modernisierung steuerlich absetzen. Die Frage ist allerdings:

- Werden die Kosten auf einen Schlag abgesetzt und als sogenannter „Erhaltungsaufwand" komplett vom Einkommen im jeweiligen Jahr subtrahiert?
- Oder werden die Sanierungsmaßnahmen als „Herstellungsaufwand" bewertet und dürfen nur über die Gebäude-AfA (siehe Tipp # 2 in diesem Kapitel) über mehrere Jahre abgeschrieben werden?

Die **Unterscheidung zwischen Erhaltungs- und Herstellungsaufwand** ist einer der wichtigsten Aspekte bei der steuerlichen Absetzbarkeit von Renovierungs-, Sanierungs- und Modernisierungskosten. Unter den Erhaltungsaufwand fallen sämtliche Maßnahmen, die dazu dienen, die Immobilie in einem vermietungsfähigen Zustand zu halten. Sollte das Dach also ein Leck haben oder die Elektrik nicht mehr funktionieren und zur Beseitigung des Schadens eine

Sanierungsmaßnahme stattfinden, würde man dies als einen Erhaltungsaufwand. Folglich wären die Kosten für die Maßnahme als Werbungskosten zur Gänze im Jahr der Zahlung absetzbar.

Bei größeren Erhaltungsaufwendungen – was „größer" konkret bedeutet, ist im Gesetz nicht definiert – besteht gemäß § 82 der Einkommenssteuer-Durchführungsverordnung (EStDV) zudem die Möglichkeit, die Kosten für den Erhaltungsaufwand nicht im Jahr der Zahlung komplett abzusetzen, sondern alternativ die Kosten auf zwei bis fünf Jahre verteilt abzuschreiben. (HAUFE, 2023) Diese Vorgehensweise empfiehlt sich am ehesten dann, wenn der Vermieter ein geringes Jahreseinkommen generiert und durch die sofortige Absetzung der Kosten für den Erhaltungsaufwand kaum steuerliche Vorteile hätte.

Wird der **Gebäudestandard durch die Sanierung optimiert**, geht das Finanzamt von einem **Herstellungsaufwand** aus. Die Maßnahme dient dann nicht der Erhaltung des Gebäudezustands und der Sicherung der Mieteinnahmen, sondern entspricht einer Aufwertung. Dies trifft z. B. auf energetische Sanierungen zu. Sie dienen stets der Verbesserung der Energieeffizienz des Gebäudes, wodurch die Kosten für Modernisierungsmaßnahmen und ebenso die Kosten für Renovierungsmaßnahmen im Jahr der Zahlung steuerlich nicht komplett abgesetzt werden dürfen. In diesem Fall greift die **individuelle Gebäude-AfA, was bedeutet, dass die gesamten Kosten über die verbliebene Abschreibungsdauer der Immobilie abgeschrieben werden**.

Nun gibt es eine Ausnahme, bei der die Maßnahmen trotz ihres Zwecks zur Erhaltung dem Herstellungsaufwand zugerechnet werden. Hierzu folgt ein Auszug aus einem Artikel des Lohnsteuerhilfevereins *Vereinigte Lohnsteuerhilfe e. V.*:

„Das Finanzamt definiert für Arbeiten am und in einem Gebäude vier sogenannte „Ausstattungs-Kernbereiche": Sanitär, Elektro-Installation, Fenster und Heizung. Wenn drei von diesen vier Bereichen in ihrer Funktion deutlich erweitert und ergänzt werden, geht das Finanzamt von einer sogenannten Hebung des Standards aus." (Vereinigte Lohnsteuerhilfe e. V., 2023)

Außerdem werden nachträgliche Einbauten von Sonnenjalousien, Markisen, Rollläden, Alarmanlagen, zusätzlichen Heizkörpern, Fenstergittern, Gemeinschaftsantennen und Außentreppen dem Herstellungsaufwand zugeordnet. (Vereinigte Lohnsteuerhilfe e. V., 2023) Zusätzlich zu all diesen Regeln gibt es eine **übergeordnete Vereinfachung**: Unabhängig davon, welche Maßnahmen Sie durchführen lassen und ob diese zum Erhaltungs- oder Herstellungsaufwand zählen, dürfen Sie Maßnahmen, die **im jeweiligen Jahr 4.000 Euro an Kosten nicht überschreiten, als Erhaltungsaufwand und somit im Jahr der Zahlung komplett absetzen**. Wieso es diese Vereinfachung gibt? Das Finanzamt nimmt an, dass die Verbesserung des Gebäudestandards und somit die Kosten für Herstellungsleistungen mehr als 4.000 Euro pro Jahr betragen. Alles unterhalb dieses Betrags wird daher pauschal als Erhaltungsaufwand bewertet.

Nun verbleibt eine letzte Ausnahmeregel, bei der Kosten für den Erhaltungsaufwand nicht im Jahr der Zahlung steuerlich absetzbar sind, sondern mit der Gebäude-AfA über mehrere Jahre abgeschrieben werden müssen:

„Zu den Herstellungskosten eines Gebäudes gehören auch Aufwendungen für Instandsetzungs- und Modernisierungsmaßnahmen, die innerhalb von drei Jahren nach der Anschaffung des Gebäudes durchgeführt werden, wenn die Aufwendungen ohne die Umsatzsteuer 15 Prozent der Anschaffungskosten des Gebäudes übersteigen (anschaffungsnahe Herstellungskosten). Zu diesen Aufwendungen gehören nicht [...] Aufwendungen für Erhaltungsarbeiten, die jährlich üblicherweise anfallen." (Bundesministerium der Justiz, 2023)

Sollte der **Sanierungsbedarf bei Ihrer Immobile derart hoch** sein, dass die Kosten für die Instandsetzung ohne Mehrwertsteuer mehr als 15 % der Anschaffungskosten des Gebäudes übersteigen, dann dürfen Sie die Kosten nicht als Erhaltungsaufwand ansetzen. Dies ist der Grund, weshalb viele Vermieter die Investition in Immobilien mit großem Sanierungsbedarf meiden. Für Denkmalimmobilien wurde übrigens deswegen eine kürzere Abschreibungsdauer (siehe Tipp # 3 in diesem Kapitel) festgelegt, da hier der Sanierungsbedarf häufig über den Anschaffungskosten für das Gebäude liegt. Folglich soll den Personen, die in Denkmalimmobilien investieren, durch die kürzere Abschreibungsdauer die steuerliche Absetzbarkeit der anfallenden Kosten erleichtert werden.

Steuerliche Absetzbarkeit von Sanierungskosten für Immobilienhändler

Für Immobilienhändler gelten bei der steuerlichen Absetzbarkeit von Sanierungskosten **weitestgehend dieselben Regeln wie für Vermieter**. Ein wesentlicher Unterschied besteht jedoch darin, dass es bei Immobilienhändlern meist nicht dazu kommt, dass sie den Herstellungsaufwand über mehrere Jahre abschreiben müssen, weil sie die Immobilie vorher verkaufen. Um ein Beispiel anzuführen:

- Ein Immobilienhändler kauft eine Immobilie in einem maroden Zustand. Er führt Maßnahmen zur Instandsetzung der Immobilie durch.
- Die Kosten für die Instandsetzungsmaßnahmen liegen oberhalb von 15 % der Netto-Anschaffungskosten für das Gebäude. Folglich müssten die Kos-

ten zusammen mit der Gebäude-AfA abgeschrieben werden.

- Doch bereits nach vier Monaten gelingt dem Immobilienhändler die Veräußerung der Immobilie. Idealerweise befindet sich noch vor Einreichen der nächsten Steuererklärung die Immobilie also nicht mehr in seinem Besitz, sodass er sämtliche Kosten im Jahr der Zahlung von der Steuer absetzen kann.

Aber was passiert, wenn der Verkauf der Immobilie nicht glückt und der Immobilienhändler die Immobilie zwei Jahre in seinem Besitz behält? Dann muss er im Beispiel aus der Aufzählung sowohl die Anschaffungskosten für das Gebäude als auch die Kosten für die Instandsetzungsmaßnahmen über die Gebäude-AfA abschreiben. Dies tut er so lange, bis die Immobilie veräußert ist. Nach Veräußerung zieht er den Restbetrag, der bei der Gebäude-AfA verbleibt, von seinem Einkommen ab.

> **Hinweis!**
>
> Um für eine Immobilie, die der Händler nicht verkauft bekommt, die Anschaffungs- und Instandsetzungskosten abschreiben zu dürfen, muss er eine Verkaufsabsicht nachweisen. Ansonsten könnte das Finanzamt ihm unterstellen, eine Verkaufsabsicht nur vorzugeben, um die Kosten für die Immobilie steuerlich umfangreicher als ein Privatnutzer absetzen zu können.

Bei der Frage, wie der Immobilieneigentümer die Sanierungskosten steuerlich absetzt, erweist sich als entscheidend, ob er privat mit Immobilien handelt oder ein Gewerbe betreibt. Händler, die innerhalb von fünf Jahren nicht mehr als drei Objekte an- und verkaufen, gelten als private Immobilienhändler und müssen kein Gewerbe anmelden – so lautet jedenfalls eine verallgemeinernde Regel, von der in den meisten Fällen auch das Finanzamt Gebrauch macht. Bei einem privaten Immobilienhandel werden die Kosten als Werbungskosten angesetzt und die Steuererklärung gestaltet sich in vielerlei Hinsicht wie bei einem Vermieter. Anders ist es beim gewerblichen Handel: Hier setzt man die anfallenden Kosten als Betriebskosten an. Zudem ist es beim gewerblichen Handel erlaubt, die Umsatzsteuer steuerlich abzusetzen, was bei der Vermietung nur bei Gewerbeimmobilien möglich ist.

Tipp # 2: Vermieter und Händler sparen durch die Gebäude-AfA an Steuern

Die Gebäude-AfA wird für Sie im Zusammenhang mit Ihrer Immobiliensanierung dann wichtig, wenn die **Sanierungsmaßnahmen als Herstellungsaufwand oder als anschaffungsnahe Herstellungskosten bewertet** werden. Aus Tipp # 1 in diesem Kapitel wissen Sie Bescheid, wann es zu einer solchen Bewertung von Sanierungsmaßnahmen kommt. Anstatt die Sanierungskosten im Jahr der Zahlung zur Gänze abzusetzen, verteilen Sie die Kosten auf die restliche Nutzungsdauer der Immobilie und **setzen jährlich einen Teil der Sanierungskosten von der Steuer ab**.

Neben den Sanierungskosten dient die AfA dem Zweck, die Anschaffungskosten für die Immobilie steuerlich abzusetzen. Zu den Anschaffungskosten zählen beispielsweise der Kaufpreis, die Notarkosten, die Maklerprovision, die Grunderwerbsteuer sowie ggfs. weitere anfallende Kosten.

> *Hinweis!*
>
> Die steuerliche Absetzung der Anschaffungskosten und der Sanierungskosten durch die Gebäude-AfA ist ausschließlich Vermietern und Immobilienhändlern möglich. Falls Sie die Immobilie, die Sie sanieren, selbst nutzen, können Sie nur bei Denkmalimmobilien die Sanierungskosten abschreiben (siehe nächster Tipp) oder lediglich einen Teil der Handwerkerleistungen und ggfs. außergewöhnliche Belastungen steuerlich geltend machen (siehe voriger Tipp).

Bei der AfA wird bestimmt, welchen Anteil am Gesamtpreis der Immobilie das Gebäude hat. Der Anteil des Grundstücks am Kaufpreis bleibt unberücksichtigt, da das Grundstück nicht abnutzen kann. Über eine Nutzungsdauer, die gesetzlich vorgeschrieben ist und zwischen 33 1/3 sowie 50 Jahren liegt, werden die Anschaffungskosten mit einem Teil pro Jahr abgeschrieben. Die **Abschreibungsdauer variiert mit dem Nutzungszweck und Alter des Gebäudes**, wozu § 7 Absatz 4 des Einkommensteuergesetzes (EStG) Klarheit verschafft:

„Bei Gebäuden sind [ ] als Absetzung für Abnutzung die folgenden Beträge bis zur vollen Absetzung abzuziehen:

1. bei Gebäuden, soweit sie zu einem Betriebsvermögen gehören und nicht Wohnzwecken dienen und für die der Bauantrag nach dem 31. März 1985 gestellt worden ist, jährlich 3 Prozent,

2. bei Gebäuden, soweit sie die Voraussetzungen der Nummer 1 nicht erfüllen und die

    a)   nach dem 31. Dezember 2022 fertiggestellt worden sind, jährlich 3 Prozent,

b) vor dem 1. Januar 2023 und nach dem 31. Dezember 1924 fertiggestellt worden sind, jährlich 2 Prozent,

c) vor dem 1. Januar 1925 fertiggestellt worden sind, jährlich 2,5 Prozent

der Anschaffungs- oder Herstellungskosten." (Bundesministerium der Justiz, 2023)

Bei jährlich dreiprozentiger AfA würde man die Anschaffungskosten für das Gebäude somit über einen Zeitraum von 33 Jahren und vier Monaten abschreiben. Erfolgten Sanierungen zu Kosten, die in den drei Jahren nach dem Kauf der Immobilie 15 % des Netto-Kaufpreises für das Gebäude übersteigen, liegen anschaffungsnahe Kosten vor. Diese werden dann zusammen mit den Anschaffungskosten über 33 Jahre und vier Monate abgeschrieben.

Interessant ist diesbezüglich die Frage, was passiert, wenn die Anschaffungskosten für das Gebäude bereits über eine Dauer von zwei Jahren abgeschrieben wurden und erst zwei Jahre nach dem Immobilienkauf die Sanierungskosten 15 % des Netto-Kaufpreises für das Gebäude übersteigen:

Werden die Sanierungskosten dann über 33 Jahre und 4 Monate oder über die restliche Abschreibungsdauer für das Gebäude, die nach zwei Jahren bereits vollzogener Abschreibung noch 31 Jahre und 4 Monate beträgt, abgeschrieben?

Letzteres ist der Fall. Sowohl anschaffungsnahe Kosten als auch Herstellungsaufwand werden immer **über den Zeitraum abgeschrieben, der bei der Gebäude-AfA noch verbleibt**. Sollte eine Immobilie mit 40 Jahren AfA (jährlicher Abschreibungssatz von 2,5 %) bereits zwölf Jahre abgeschrieben worden sein und dann durch Sanierungen, Renovierungen oder Modernisierungen ein Herstellungsaufwand vorliegen, dann schreibt man die Kosten für die

Baumaßnahmen an der Immobilie über die restliche Dauer von 28 Jahren ab.

Tipp # 3: Vermieter und Händler sparen durch die Denkmal-AfA noch schneller an Steuern

Weil bei **Denkmalimmobilien** grundsätzlich höhere Sanierungskosten als bei den meisten sonstigen sanierungsbedürftigen Immobilien vorliegen, wurden die **Abschreibungssätze hier angepasst**. Die Anschaffungskosten, die Herstellungskosten sowie die anschaffungsnahen Herstellungskosten sind über eine kürzere Dauer als bei allen anderen Immobilien absetzbar.

Das bedeutet, dass, wenn die von Ihnen durchgeführten Sanierungsmaßnahmen als Herstellungskosten oder anschaffungsnahe Herstellungskosten eingestuft werden (mehr hierzu in Tipp # 1 dieses Kapitels), Sie diese bei einer Denkmalimmobilie schneller als bei anderen Immobilien absetzen können. Die rechtliche Grundlage hierfür bildet § 7h des Einkommenssteuergesetzes:

„Bei einem im Inland gelegenen Gebäude in einem förmlich festgelegten Sanierungsgebiet oder städtebaulichen Entwicklungsbereich kann der Steuerpflichtige abweichend von § 7 Absatz 4 und 5 im Jahr der Herstellung und in den folgenden sieben Jahren jeweils bis zu 9 Prozent und in den folgenden vier Jahren jeweils bis zu 7 Prozent der Herstellungskosten für Modernisierungs- und Instandsetzungsmaßnahmen im Sinne des § 177 des Baugesetzbuchs absetzen. Satz 1 ist entsprechend anzuwenden auf Herstellungskosten für Maßnahmen, die der Erhaltung, Erneuerung und funktionsgerechten Verwendung eines Gebäudes im Sinne des Satzes 1 dienen, das wegen seiner geschichtlichen, künstlerischen oder städtebaulichen Bedeutung erhalten bleiben soll, und zu deren Durchführung sich der Eigentümer neben bestimmten Modernisierungsmaßnahmen gegenüber der Gemeinde verpflichtet hat." (Bundesministerium der Justiz, 2023)

Diesem Zitat entnehmen Sie, dass Sie sich als Eigentümer **gegenüber der Gemeinde zur Durchführung bestimmter Maßnahmen verpflichten** müssen. Die Gemeinde muss den Sanierungsmaßnahmen vor deren Durchführung zugestimmt haben. Dabei handelt es sich um keine Anforderung aus dem Einkommenssteuergesetz, sondern um eine Anforderung der Denkmalbehörden: Kein Maßnahmenbeginn ohne Zustimmung der Denkmalbehörde! Sobald die Zustimmung vorliegt und die Maßnahmen durchgeführt sind, werden beispielsweise 120.000 Euro Herstellungskosten wie folgt abgeschrieben:

In den ersten acht Jahren jeweils:
120.000 Euro × 0,09 = 10.800 Euro

In den folgenden vier Jahren jeweils:
120.000 Euro × 0,09 = 8.400 Euro

Nach acht Jahren mit je 10.800 Euro sowie vier Jahren mit je 8.400 Euro als Abschreibungsbeträgen sind die 120.000 Euro Gesamtkosten abgeschrieben.

Tipp # 4: Umlage von Kosten auf Mieter

Bei der Umlage von Sanierungs-, Renovierungs- oder Modernisierungskosten auf Mieter **erhöht der Vermieter die Miete**. Dies trägt zwar nicht direkt zu einer Senkung der Sanierungskosten bei, aber führt dazu, dass Vermieter nach erfolgter Sanierung höhere Mieteinnahmen erzielen. Somit ist dieser Tipp durchaus ein berechtigter Bestandteil der in diesem Buch geschilderten Tipps und Techniken zur kosteneffizienten Aufwertung von Immobilien.

Ob und inwiefern die Kosten auf Mieter umlagefähig sind, hängt maßgeblich von der Art der Maßnahmen ab, die der Vermieter veranlasst. Hierzu werden im Bürgerlichen Gesetzbuch (BGB) unter dem § 559 *Mieterhöhung nach Modernisierungsmaßnahmen* wesentliche Informationen aufgeführt:

„Hat der Vermieter Modernisierungsmaßnahmen im Sinne des § 555b Nummer 1, 3, 4, 5 oder 6 durchgeführt, so kann er die jährliche Miete um 8 Prozent der für die Wohnung aufgewendeten Kosten erhöhen. Im Fall des § 555b Nummer 4a ist die Erhöhung nur zulässig, wenn der Mieter seinen Anbieter von öffentlich zugänglichen Telekommunikationsdiensten über den errichteten Anschluss frei wählen kann und der Vermieter kein Bereitstellungsentgelt gemäß § 72 des Telekommunikationsgesetzes als Betriebskosten umlegt oder umgelegt hat." (Bundesministerium der Justiz, 2023)

Um zu verstehen, welche Maßnahmen von diesem Paragrafen betroffen sind, ist ein Blick auf die den § 555b *Modernisierungsmaßnahmen* des BGB aufschlussreich:

„Modernisierungsmaßnahmen sind bauliche Veränderungen,

1. durch die in Bezug auf die Mietsache Endenergie nachhaltig eingespart wird (energetische Modernisierung),
2. durch die nicht erneuerbare Primärenergie nachhaltig eingespart oder das Klima nachhaltig geschützt wird, sofern nicht bereits eine energetische Modernisierung nach Nummer 1 vorliegt,

3. durch die der Wasserverbrauch nachhaltig reduziert wird,

4. durch die der Gebrauchswert der Mietsache nachhaltig erhöht wird,

5. a) durch die die Mietsache erstmalig mittels Glasfaser an ein öffentliches Netz mit sehr hoher Kapazität im Sinne des § 3 Nummer 33 des Telekommunikationsgesetzes angeschlossen wird,

6. durch die die allgemeinen Wohnverhältnisse auf Dauer verbessert werden,

7. die aufgrund von Umständen durchgeführt werden, die der Vermieter nicht zu vertreten hat, und die keine Erhaltungsmaßnahmen nach § 555a sind, oder

8. durch die neuer Wohnraum geschaffen wird." (Bundesministerium der Justiz, 2023)

Als „baulich" bezeichnet man sämtliche Veränderungen, bei denen in die Grundsubstanz der Immobilie eingegriffen wird oder bei der feste Bestandteile der Fassade einer Immobilie ausgetauscht werden:

- Der Abriss des alten Teppichbodens und Austausch durch einen neuen Bodenbelag stellt demnach keine bauliche Maßnahme dar. Auch das Aufstellen von Küchengeräten sowie der Austausch alter Lampen gegen Energiesparlampen gelten nicht als bauliche Maßnahme. (Onischke/Spöth, 2010)

- Anders verhält es sich mit der Erneuerung der Dachbodendämmung, da eine Dämmung ein fester Bestandteil der Immobilie ist. Zudem erfüllt die Erneuerung der Dachbodendämmung die weiteren Kriterien aus dem Gesetz: dauerhafte Optimierung der allgemeinen Wohnverhältnisse und nachhaltige Einsparung von Energie.

- Auch der Austausch von Fenstern zählt zu baulichen Maßnahmen, da eine Immobilie ohne Fenster undenkbar ist. Sollten die Fenster nach einer Sanierung beispielsweise dreifach statt doppelt verglast sein, so käme es durch den Austausch zur Energieeinsparung.

Voraussetzung für eine Umlagefähigkeit der Kosten auf die Mieter ist nicht nur, dass die Maßnahmen baulicher Natur sind, sondern auch, dass sie **eine der folgenden drei Voraussetzungen erfüllen**: den Gebrauchswert der Mietsache nachhaltig erhöhen, die allgemeinen Wohnverhältnisse auf Dauer verbessern oder eine nachhaltige Einsparung von Energie oder Wasser bewirken (Modernisierung). Überdies gilt: Sollte der Vermieter von Gesetzes wegen oder aus behördlichen Gründen dazu verpflichtet sein, eine bauliche Maßnahme durchzuführen, kann er die Kosten für diese Maßnahme auch dann auf den Mieter umlagern, wenn die bauliche Maßnahme die soeben genannten drei Voraussetzungen nicht erfüllt.

> *Hinweis!*
>
> Reine Instandsetzungsmaßnahmen, bei denen der Vermieter lediglich den ordnungsgemäßen Zustand der Immobilie wiederherstellt, sind nicht umlagefähig. (Onischke/Spöth, 2010)

Der Anteil der auf den Mieter umlagefähigen Kosten beläuft sich auf **8 % der für die Immobilie aufgewendeten Kosten.** Sollten die Kosten bei 10.000 Euro gelegen haben, so darf die Jahresmiete um 800 Euro erhöht werden. In Absatz 3 des § 559 BGB ist zudem bestimmt, dass die Kosten bei einer Modernisierung mehrerer Wohnungen auf die Wohnungen gleichmäßig aufzuteilen sind. Für weitere Informationen zur erlaubten Höhe der Mieterhöhung sowie für sonstige Details können Sie sich eigenständig unter dem Link https://www.gesetze-im-internet.de/bgb/__559.html informieren.

Tipp # 5: Möblierte Immobilie vermieten

Bereits im dritten Kapitel in Tipp # 9 wurde die Möblierung der Immobilie als Methode zur Ertragssteigerung angesprochen. Im dritten Kapitel ging es um das Home Staging, das Verkäufer einer Immobilie durchführen können, um den Verkaufswert der Immobilie zu erhöhen. Bei Vermietern spricht man nicht vom Home Staging, doch die Möblierung der Immobilie hat hier ebenfalls Vorteile, weil **vom Mieter eine höhere Miete verlangt werden kann.**

Die Möblierung der Immobilie wird als Tipp für Vermieter in diesem vierten Kapitel separat erwähnt, weil Vermieter bei der Erhöhung der Miete gesetzliche Vorschriften berücksichtigen müssen. Immobilienhändler müssen bei der Erhöhung des Verkaufspreises nach dem Home Staging hingegen keinerlei Vorschriften berücksichtigen, weshalb das Home Staging als Tipp # 9 schon im dritten Kapitel erläutert wurde.

Um die Frage nach der generellen Daseinsberechtigung dieses Tipps zu klären: Inwiefern steigert die Möblierung einer Immobilie die Kosteneffizienz der Sanierung? Das tut sie nicht. Allerdings könnte es sein, dass Sie im Rahmen Ihrer Sanierung zum Beispiel auf der Suche nach günstigem oder zu verschenkendem Baumaterial auf viele Anzeigen mit Möbeln stoßen. Die günstigen oder zu verschenkenden Möbel sowie Dekorationsgegenstände und eigenes Inventar, das Sie nicht mehr benötigen, können Sie nach der Sanierung in der Immobilie platzieren. Dabei zahlen Sie kaum Aufpreis für die Möblierung, können aber eine höhere Miete verlangen. So tragen Sie durch eine **kosteneffiziente Möblierung im Anschluss an die Sanierung zu höheren Erträgen** sowie einer schnelleren Refinanzierung Ihrer Maßnahmen an der Immobilie bei.

> **Hinweis!**
>
> Die Möblierung der Immobilie hilft auch dann bei der Vermietung, wenn qualitative Defizite aus der Sanierung kaschiert werden sollen. Ein Beispiel für solche qualitativen Defizite sind optisch nicht ansprechende Stellen. Falls Sie einen günstigen Bodenbelag gewählt haben, um an den Sanierungskosten zu sparen (siehe Tipp # 7 im dritten Kapitel), können Sie die geringe Qualität des Bodenbelags durch Mobiliar und Deko kaschieren. Eventuell zeigt Ihr „Ablenkungsmanöver" Erfolg und Sie bekommen die Immobilie trotz einer sparsamen Sanierung leicht vermietet.

Nun zu den gesetzlichen Hinweisen für Vermieter: Wann darf eine höhere Miete durch die Vermietung einer möblierten Immobilie verlangt werden und um wie viel höher als ohne Möblierung darf die Miete ausfallen?

Um eine höhere Miete verlangen zu dürfen, muss zunächst eine Möblierung vorliegen. Dies wirft die Frage auf, ab wann eine Immobilie als möbliert gilt. Diesbezüglich besteht keine gesetzliche Definition. In Berufung auf Aussagen des Fachanwalts für Mietrecht Jens Hermann berichten die Websitebetreiber von *immowelt* in ihrem Ratgeber:

> „Nach gängiger Rechtsprechung wird dann von möbliertem Wohnraum gesprochen, wenn der Vermieter mehr als die Hälfte der für die Haushaltsführung notwendigen Einrichtungsgegenstände bereitstellt." (Naus, 2020)

Was für die Haushaltsführung notwendig ist, bleibt ebenfalls undefiniert. Es bietet sich jedoch an, dass Sie zumindest folgendes Mobiliar bereitstellen, damit sich überhaupt Mieter finden lassen, die dem Möblierungszuschlag in der Miete zustimmen: **kleine Küche** (ohne Spülmaschine, mit kleinem Kühlschrank, Induktionsherd und mit Mini-Backofen genügt), **Bett, Kleiderschrank, Stühle, Tisch, Couch, Fernseher, Badezimmerschrank.** Dies ist ein Beispiel für eine Wohnung, die die nötigste Ausstattung enthält und problemlos als „möbliert" durchgehen würde.

Falls Sie die Immobilie mit mehr Einrichtungsgegenständen möblieren, profitieren Sie davon, dass Sie wahrscheinlich leichter Mieter finden und eine höhere Miete verlangen dürfen. Die **Höhe der Miete richtet sich nämlich nach den Anschaffungskosten und/oder dem Zeitwert der Gegenstände.** Je mehr Möbel und Dekorationsgegenstände Sie in Ihrer Immobilie haben, desto höher werden die Anschaffungskosten und der Zeitwert sein. Am bekanntesten sind die folgenden zwei Modelle zur Berechnung des Möblierungszuschlags:

- **Berliner Modell**

Monatlicher Zuschlag
= Anschaffungskosten für Mobel
÷ 10 Jahre × Anzahl verbleibender Jahre × 2 %

Im Berliner Modell wird davon ausgegangen, dass die Möbel nach zehn Jahren keinen Wert mehr haben, weswegen die Anschaffungskosten über exakt diese Dauer abgeschrieben werden. Unter der Anzahl verbleibender Jahre ist zu verstehen, wie viele Jahre der Abschreibung noch übrig bleiben. Im ersten Jahr verbleiben zehn Jahre, da noch kein Jahr abgeschrieben wurde. Im zweiten Jahr setzen Sie in die Formeln bei „Anzahl verbleibender Jahre" die Ziffer 9 ein, da bereits ein Jahr abgeschrieben wurde. Weil beim Berliner Modell eine jährliche Kapitalverzinsung von 14 % angenommen wird, Sie mit der Formel aber den <u>monatlichen</u> Möblierungszuschlag berechnen, werden die 14 % durch zwölf Monate geteilt, woraufhin Sie 2 % pro Monat als Kapitalverzinsung ansetzen. So kommt die Formel zustande. Hätten Sie beispielsweise Anschaffungskosten von 8.000 Euro für die Möbel gehabt, würden Sie den monatlichen Möblierungszuschlag gemäß dem Berliner Modell in den ersten zwei Jahren wie folgt berechnen:

<u>1. Jahr</u>

Monatlicher Zuschlag = 8.000 Euro ÷ 10 × 10 × 2 %
Monatlicher Zuschlag = 8.000 Euro ÷ 10 × 10 × 0,02
Monatlicher Zuschlag = 160 Euro

<u>2. Jahr</u>

Monatlicher Zuschlag = 8.000 Euro ÷ 10 × 9 × 2 %
Monatlicher Zuschlag = 8.000 Euro ÷ 10 × 9 × 0,02
Monatlicher Zuschlag = 144 Euro

- **Hamburger Modell**

Jährlicher Zuschlag

= gegenwärtiger Wert der Model (**Hinweis:** Muss pro Jahr um 10% reduziert werden !)

× (0,14 + 0,15)

Beim Hamburger Modell wird neben der Kapitalverzinsung die wirtschaftliche Abnutzungsdauer der Möbel berücksichtigt. Möbel werden über eine Dauer von sieben Jahren zu je maximal 15 % pro Jahr abgeschrieben, weil im Steuerrecht angenommen wird, dass Möbel innerhalb von sieben Jahren abgenutzt sind – das ist gesetzlich so definiert. Bei einer Kapitalverzinsung von 14 % pro Jahr ergibt sich in den ersten zwei Jahren für Möbel, die für 8.000 Euro angeschafft worden sind, nachfolgende Rechnung. Hierbei wird angenommen, dass die Möbel pro Jahr 10 % an Wert verlieren und in den ersten sechs Jahren mit je 15 % und im siebten Jahr mit 10 % abgeschrieben werden.

<u>1. Jahr</u>

$$\text{Jährlicher Zuschlag} = \text{gegenwärtiger Wert der Möbel} \times (0,14 + 0,15)$$
$$\text{Jährlicher Zuschlag} = 8.000 \text{ Euro} \times (0,14 + 0,15)$$
$$\text{Jährlicher Zuschlag} = 2.320 \text{ Euro}$$

$$\text{Monatlicher Zuschlag} = \text{jährlicher Zuschlag} \div 12$$
$$\text{Monatlicher Zuschlag} = 2.320 \text{ Euro} \div 12$$
$$\text{Monatlicher Zuschlag} \approx 193,3 \text{ Euro}$$

<u>2. Jahr</u>

$$\text{Jährlicher Zuschlag} = 7.200 \text{ Euro} \times (0,14 + 0,15)$$
$$\text{Jährlicher Zuschlag} = 2.088 \text{ Euro}$$

$$\text{Monatlicher Zuschlag} = \text{jährlicher Zuschlag} \div 12$$
$$\text{Monatlicher Zuschlag} = 2.088 \text{ Euro} \div 12$$
$$\text{Monatlicher Zuschlag} = 174 \text{ Euro}$$

> **Hinweis!**
>
> Im siebten und letzten Abschreibungsjahr würde anstelle der Zahl 0,15 in den Klammern die Zahl 0,1 genutzt werden, da nach 90 % Abschreibung in den ersten sechs Jahren im letzten Jahr nur noch 10 % zur Abschreibung verbleiben.

Was sonst noch zu beachten ist: die **Mietpreisbremse**. In Städten, in denen sie gilt, muss diese bei der Vermietung einer möblierten Wohnung Berücksichtigung erfahren. Das erfolgt in der Praxis, indem zur ortsüblichen Vergleichsmiete zunächst der Möblierungszuschlag hinzugerechnet wird. Daraufhin werden auf die Miete inklusive Möblierungszuschlag die 10 % Mietpreisbremse angewandt, was bedeutet, dass die **gesamte Mietzahlung maximal 10 % über der ortsüblichen Vergleichsmiete mit Möblierungszuschlag** liegen darf.

Reparaturen am Mobiliar sind steuerlich absetzbar. Dies ist unter dem Blickpunkt wichtig, als der Vermieter verpflichtet ist, beschädigte oder nicht mehr funktionsfähige Möbel zu ersetzen. Es bietet sich an, im Mietvertrag eine Sorgfaltspflicht für Mieter zu vermerken, um einen sachgemäßen Umgang mit den Möbeln sicherzustellen. Zudem sollte eine Inventarliste angefertigt werden, die dem Mietvertrag beigelegt und von dem Vermieter und dem Mieter unterschrieben wird.

Tipp # 6: Verbot alter Gas- und Ölheizkessel beachten und Ausnahmen kennen

Seit November 2020 gilt eine grundsätzliche Pflicht zum Austausch von Heizungsanlagen mit Gas- und Ölheizkesseln. An dieser Pflicht wurden zum 1. Januar 2023 einige Änderungen vorgenommen, sodass sich für Immobilieneigentümer neue Aspekte ergeben. Zunächst das Grundlegende: **Alle Gas- und Ölheizkessel, die vor dem 1. Januar 1994 eingebaut wurden, müssen 2023 ausgetauscht werden**. Bei Verstoß gegen diese Vorgabe müssen Immobilieneigentümer Geldbußen zahlen. (HAUFE, 2023) Im Zuge der Sanierung ist es also zur Vermeidung unnötig hoher Kosten durch Geldbußen essenziell, die Austauschpflichten zu berücksichtigen.

Sollte der Gas- oder Ölheizkessel hingegen **nach 1994 installiert** worden sein, darf die Heizung länger betrieben werden. **Bis zu 30 Jahre Betriebsdauer sind gestattet**. Falls Sie nun mit der Überlegung spielen, im Zuge der Sanierung einen Gas- oder Ölheizkessel zu erneuern, kann sich das unter Umständen finanziell lohnen. Beispielsweise hätten Sie bei einem 2002 installierten Ölheizkessel noch über acht Jahre Restnutzungsdauer. Zu beachten ist dabei: Je kürzer die Restnutzungsdauer bei einem bereits installierten Gas- oder Ölheizkessel ist, umso weniger lohnt sich dessen Sanierung, da er nach insgesamt 30 Jahren Betriebsdauer ausgetauscht werden muss. Je nachdem, wie hoch die Sanierungskosten sind, kann es kosteneffizienter sein, die Immobilie durch den Austausch des Heizungssystems und dessen Ersatz durch beispielsweise eine Wärmepumpe langfristig sinnvoll auszustatten. Die **Förderungen**, die im zweiten Kapitel dieses Ratgebers beschrieben sind, machen den **Austausch eines Gas- oder Ölheizkessels im Zuge der Sanierung kosteneffizienter**.

Überlegen Sie bei Ihrer Sanierung genau, ob Sie durch die Entscheidung für die günstige Sanierung des bestehenden Heizsystems nicht in den nächsten ein bis zwei Jahren finanziell erhebliche Nachteile erlangen. Dies sollten auch Immobilienhändler berücksichtigen, die die Immobilie nur kurze Zeit halten und anschließend wiederverkaufen. Es ist nämlich schwerer, Käufer für die Immobilie zu finden, wenn diese wissen, dass sie in den nächsten Jahren die Heizungsanlage komplett austauschen müssen.

Nun gelten bei dem Gesetz zum Austausch alter Gas- und Ölheizkessel bestimmte Ausnahmen. Eine dieser Ausnahmen ist ein Nachteil für Immobilieneigentümer: So sind **reine Ölheizungen – also Ölheizungen, die Öl als Hauptbrennmaterial nutzen – ab 2026 komplett verboten**. Dieses Verbot gilt allerdings ausschließlich für Neuinstallationen. (Wörrle, 2023) Somit sollten Sie bei Ihrer Sanierung in jedem Fall von der Installation einer neuen Ölheizung absehen, während die Sanierung einer bestehenden Ölheizung Sinn ergeben kann, sofern diese die maximale Nutzungsdauer von 30 Jahren nicht erreicht hat und noch möglichst viele Jahre Restnutzungsdauer erlaubt sind.

Es gibt auch **Ausnahmen von dem Gesetz**, die **für Sie als Immobilieneigentümer vorteilhaft** sind, wenn Sie eine Gas- oder Ölheizung sanieren oder neu installieren möchten:

- Fehlt ein Gas- oder Fernwärmeanschluss vor Ort, so darf eine Ölheizung genutzt werden. Zudem muss die Installation von Anlagen zur Erzeugung und Nutzung erneuerbarer Energien nicht möglich oder zu aufwendig sein, damit sich das **Verbot von Ölheizungen aufhebt.**
- Sind Niedertemperatur-Heizkessel und Brennwertkessel installiert, greift die Tauschpflicht ebenfalls

nicht. Voraussetzung: Die Immobilie darf nicht mehr als zwei Wohneinheiten aufweisen.

- Zudem sind Immobilieneigentümer, die die Immobilie bis zum 1. Februar 2002 selbst bewohnt haben, von der Tauschpflicht ausgeschlossen. Auch hier gilt die Voraussetzung, dass die Immobilie über nicht mehr als zwei Wohneinheiten verfügen darf. (HAUFE, 2023); (Wörrle, 2023)

Die Nichtberücksichtigung solcher Pflichten führt zu Bußgeldern und dazu, dass energetische Modernisierungen stattfinden müssen, die schon im Rahmen der Sanierung hätten berücksichtigt werden sollen. Gesetzlich aufgezwungene Sanierungen und Bußgelder können teilweise den Wert einer kompletten Immobilie erreichen und somit sogar die finanzielle Existenz von Immobilieneigentümern gefährden.

Tipp # 7: Bei Sanierung der Fassade die Pflicht zur Neudämmung vermeiden

Alle Personen, die nach 2002 Eigentümer eines Gebäudes geworden sind, müssen unter Umständen die komplette Fassade neu dämmen lassen. Diese Pflicht schreibt das Gebäudeenergiegesetz (GEG) bei allen Fassaden vor, die den maximalen U-Wert von 0,24 $W/(m^2K)$ nicht einhalten.

Der **U-Wert** ist ebenfalls als Wärmedurchgangskoeffizient bekannt und **gibt Auskunft darüber, wie viel Wärme verloren geht**. Dabei kann es sich um Wärme handeln, die durch das Dach, die Fassade oder durch andere Bereiche der Immobilie verloren geht. Der U-Wert gilt für verschiedene Bestandteile der Immobilie.

Bei der Pflicht zur Neudämmung der Fassade gilt eine Ausnahme: Falls im Rahmen der Sanierung **nicht mehr als 10 % der Fassadenfläche erneuert** werden, greift die Pflicht nicht.

(Burk, 2021) Demzufolge würde die Pflicht nicht gelten, wenn eine Stelle mit weniger als 10 % Anteil an der Fassadenfläche umfassend saniert würde. Ebenso würde die Pflicht zur Neudämmung der Fassade nicht greifen, falls mehrere kleine Risse, die über die gesamte Fassade verteilt sind, ausgebessert würden.

Überlegen Sie sich also bei Ihrer Fassade, sofern diese den maximalen U-Wert von 0,24 W/(m²K) überschreitet, ob eine umfassende Sanierung tatsächlich erforderlich ist. Die Sanierung kann zur Folge haben, dass Sie unter die Pflicht zur Neudämmung der Fassade fallen. Zwar könnten Sie dann eine energetische Modernisierung vornehmen und diese fördern lassen und würden durch die bessere Dämmung die Nebenkosten der Immobilie senken – doch ob es sinnvoll ist, hierfür zusätzliche Kosten aufzunehmen, ist individuell abzuwägen.

Der **Verzicht auf nicht notwendige Sanierungen** oder die **Beschränkung auf einige wenige Maßnahmen** an der Fassade kann demnach die Kosteneffizienz Ihrer Sanierung steigern, weil Sie zum einen weniger für die Durchführung der Maßnahmen zahlen und zum anderen die kostspieligen Pflichten zur Neudämmung der Fassade umgehen, die bei Fassaden mit einem U-Wert von über 0,24 W/(m²K) gelten würden.

Tipp # 8: Pflicht zur Dämmung des Daches oder der oberen Geschossdecke kennen

Anders als bei Sanierungen der Fassade (siehe voriger Tipp) ist bei der Pflicht zur Dachdämmung nicht ausschlaggebend, ob und wie viel der Dachfläche saniert wird. Generell gilt eine Pflicht zur Dämmung des kompletten Daches oder der oberen Geschossdecke, sofern **folgende Voraussetzungen** vorliegen:

- Die Immobilie wurde vor dem 1. Februar 2002 gebaut und danach gekauft.
- Die oberste Geschossdecke – also die Decke, die oberhalb der am höchsten gelegenen Wohnung bzw. bewohnten Räumlichkeit liegt – oder das Dach haben einen U-Wert von 0,24 W/(m²K) oder mehr.

Wieder gilt eine Ausnahme, die schon aus Tipp # 6 in diesem Kapitel bekannt ist: Sollte der Immobilieneigentümer die Immobilie seit 2002 **selbst bewohnen und die Immobilie nicht mehr als zwei Wohnungen umfassen**, gilt die Pflicht zur Dämmung des Daches oder der oberen Geschossdecke nicht. (ANWALT.ORG, 2022) Falls Sie die Immobilie nach dem 1. Februar 2002 kaufen, haben Sie eine **zweijährige Übergangsfrist**, um die Dämmungen nachträglich vornehmen zu lassen.

Hier bleibt womöglich eine letzte Frage bezüglich der Dämmpflicht: Wann muss das Dach und wann die obere Geschossdecke gedämmt werden? Eine Pflicht zur Dämmung des Daches liegt vor, wenn der unmittelbar darunter befindliche Raum – also der Dachboden – ausgebaut wurde und als Wohnraum genutzt wird. Wenn der Dachboden nur zu Lagerzwecken genutzt wird, handelt es sich um ein Kältedach, das gar nicht warm und beheizt sein soll. Dann ist die Dämmung der oberen Geschossdecke verpflichtend, die den Dachboden von dem darunter befindlichen Wohnraum trennt.

Tipp # 9: Pflicht zur Dämmung der Heizungs- und Warmwasserrohre kennen

Die Pflicht zur Dämmung von Heizungs- und Warmwasserrohren gilt **ausschließlich in unbeheizten Räumen**, und zwar nur dann, wenn die Leitungen in diesen Räumen offen liegen, weil sie oberflächlich verlaufen. Betroffene Räume sind meist **Kellerräume**. Außerdem gilt diese Pflicht ausschließlich dann, wenn die Immobilie vor dem 1. Februar 2002 gebaut wurde, danach gekauft wurde und seitdem nicht selbst vom Eigentümer bewohnt wurde.

Für die Dicke der Rohrdämmung gelten folgende Vorschriften, die sich aus dem GEG ableiten:

„Wie dick die Rohrleitungen mit der Dämmung eingepackt werden müssen, hängt vom Innendurchmesser der Rohre ab. Die gesetzlichen Vorgaben für die Rohrisolierung beziehen sich auf einen Dämmstoff mit der Wärmeleitfähigkeit von 0,035 W/(m·K).

- Rohrleitungen/Armaturen mit einem **Innendurchmesser bis 22 Millimeter** → die Dicke der Dämmung muss mindestens 20 Millimeter betragen
- Rohrleitungen/Armaturen mit einem **Innendurchmesser über 22 Millimeter bis 35 Millimeter** → die Dicke der Dämmung muss mindestens 30 Millimeter betragen
- Rohrleitungen/Armaturen mit einem **Innendurchmesser über 35 Millimeter bis 100 Millimeter** → die Dämmung muss mindestens so dick sein wie der Innendurchmesser der Rohrleitung

- Rohrleitungen/Armaturen mit einem **Innendurchmesser über 100 Millimeter** → die Dicke der Dämmung muss mindestens 100 Millimeter betragen

Befinden sich die Leitungen und Armaturen in Wand- und Deckendurchbrüchen, im Kreuzungsbereich von Leitungen, an Leitungsverbindungsstellen oder bei zentralen Leitungsnetzverteilern beträgt die Mindestdicke der Dämmschicht die Hälfte der oben genannten Werte." (energie-fachberater.de, 2022)

Für Leitungen zur Kälteverteilung gelten andere Vorschriften. Überdies sind bei Dämmstoffen mit einer anderen Wärmeleitfähigkeit von 0,035 W/(m·K) andere Dicken der Dämmschichten einzuhalten. Nähere Informationen hierzu entnehmen Sie aus Gesprächen mit Energieberatern oder den installierenden Gewerken. Sollten Sie einen Dämmstoff mit einer Wärmeleitfähigkeit von 0,035 W/(m·K) wählen, können Sie die Dämmung der Rohre ohne Probleme selbst vornehmen, weil es sich dabei um eine relativ einfache Arbeit handelt. Aufgrund der geringen Kosten des Dämmmaterials **amortisieren sich die Materialkosten** für die Dämmung der Heizungs- und Warmwasserrohre schon **in der ersten Heizperiode**. (Brehl, 2023)

Letztlich ist die Dämmpflicht bei Rohren im Vergleich zu den sonstigen Dämmpflichten keine kostenintensive Maßnahme. Die Pflicht zu kennen ist aber wichtig, um Bußgeldern und dadurch einer kostenintensiven Sanierung vorzubeugen.

Tipp # 10: Bei Täuschung durch den Verkäufer einen Rücktritt vom Kaufvertrag erwirken

Eine große Kostenfalle sind **nicht bekannte Mängel an der Immobilie**. Egal, als wie gut Sie selbst mithilfe der Tipps im ersten Kapitel und als wie gut der professionelle Gutachter den Zustand der Immobilie auch einschätzen mag: Hinter jedem Fundament, jeder Wand und an zahlreichen anderen Stellen einer Immobilie können sich Mängel verbergen, die nicht auf Anhieb ersichtlich sind.

Je nach Art und Ausmaß der Mängel können die Sanierungskosten deutlich ansteigen. Womöglich kommt in einer solchen Situation bei dem einen oder anderen Immobilienkäufer der Gedanke auf: „Hätte ich bloß die Finger vom Objekt gelassen!" Lässt sich Geschehenes rückgängig machen? In seltenen Fällen ja, indem **vom Kaufvertrag zurückgetreten werden darf**. Für den Rücktritt vom Kaufvertrag bestehen aber sehr hohe Anforderungen.

Nahezu immer wird beim Notar ein Rücktrittsrecht vom Kaufvertrag ausgeschlossen, sodass eine einzige außervertragliche Möglichkeit verbleibt, um den Kauf der Immobilie zu widerrufen: Der Käufer muss dem Verkäufer nachweisen, dass er über den Mangel der Immobilie Bescheid wusste und diesen verschwiegen hat, um die Immobilie leichter oder zu einem höheren Preis zu verkaufen.

Der **Nachweis einer arglistigen Täuschung** ist oftmals schwer oder kaum möglich. Entweder müssen Zeugen gefunden werden, die den Verkäufer belasten, oder es muss ein Schriftverkehr vorliegen, der belegt, dass dem Verkäufer die Mängel der Immobilie vor deren Verkauf bewusst waren. Weil sich diese Dokumente aber oft im Besitz der Verkäufer befinden und aufgrund des Datenschutzes bekommen Immobilienverkäufer zu entsprechendem Schriftverkehr häufig keinen Zugang. Es besteht einzig eine geringe Wahrscheinlichkeit, dass bei dem Kauf einer Wohnung in einer WEG **bei WEG-Versammlungen über die Mängel der Immobilie gesprochen** wurde.

Sollten Sie eine Wohnung in einer WEG kaufen und diese erhebliche Mängel haben, die Ihnen vor dem Kauf nicht bekannt waren, **fragen Sie am besten bei den anderen Mitgliedern der WEG nach**, ob diese über die Mängel informiert waren und diese mit dem Verkäufer Ihrer Wohnung darüber gesprochen haben. Wenn dies zutrifft, dann besteht bei einer Aussage der WEG-Mitglieder als Zeugen die Chance, dass Sie aufgrund einer arglistigen Täuschung des Verkäufers vom Kaufvertrag zurücktreten können und sich eine teure Sanierung ersparen.

Schlusswort

Die 40 Tipps und Techniken zeigen, dass die kosteneffiziente Aufwertung sanierungsbedürftiger Immobilien eine Zielsetzung ist, die von Immobilieneigentümern ein **grundlegendes theoretisches und praktisches Wissen** erfordert. Bereits die Besichtigung und Auswahl der Immobilie werfen einen Schatten auf die Sanierung der Immobilie voraus: Hier entscheidet sich, inwiefern die Käufer der Immobilie gesetzlichen Dämmpflichten und Austauschpflichten für Heizungen unterliegen werden, wie hoch der Sanierungsaufwand sein wird und ob der Kauf der jeweiligen Immobilie angesichts des Kaufpreises sowie der voraussichtlichen Sanierungskosten sinnvolle Entscheidung ist.

Im Anschluss an den Kauf erfordern die **Planung und die Durchführung der Sanierung** die Berücksichtigung diverser Faktoren aus zahlreichen Fachgebieten: Jura, Energiewende, Statik von Gebäuden, Eigenschaften der Baumaterialien, Versicherungswesen und viele weitere. Detaillierte Kenntnisse in Bezug auf all diese Fachgebiete zu vermitteln, ist nicht möglich. Dennoch haben Sie in diesem Ratgeber die grundlegenden und einige vertiefende Informationen erhalten, um nun die **wichtigsten gesetzlichen, technischen und kostenrelevanten Aspekte** rund um die Immobiliensanierung berücksichtigen zu können.

Für nahezu alle Tipps und Techniken in diesem Ratgeber gilt: **Je früher Sie mit der Umsetzung anfangen, umso eher werden Sie an Kosten sparen.** Das beste Beispiel hierfür sind die Fördergelder für die energetische Sanierung sowie für den

Einbau erneuerbarer Energien, denn deren Verfügbarkeit ist begrenzt. **Stellen Sie Anträge für Förderungen früh**, um die Wahrscheinlichkeit für deren Bereitstellung zu steigern. Wenden Sie sich mit Ihrer Sanierung außerdem möglichst zeitig an Architekten, Baufirmen, Handwerker und sonstige Personen oder Unternehmen, die für die Planung und Durchführung Ihrer Sanierung wichtig sind. Dann werden Sie dazu imstande sein, Ihr **Projekt möglichst früh fertigzustellen** und die Immobilie selbst beziehen, vermieten oder wiederverkaufen zu können.

Um Ihnen zum Abschluss dieses Ratgebers einen 41. Tipp zu geben, der einer klaren Empfehlung entspricht: **Sanieren Sie so, dass es langfristig sinnvoll ist!** Die im zweiten Kapitel beschriebenen Möglichkeiten zur Förderung energetischer Modernisierungen und erneuerbarer Energien sowie die langfristigen Vorteile durch die von den Förderungen betroffenen Maßnahmen bieten beinahe immer die größten Kostenvorteile, den größten Wohnkomfort und Immobilienwert sowie die höchste rechtliche Sicherheit, da Sie Dämmpflichten sowie alle weiteren staatlichen Anforderungen mit Gewissheit einhalten werden.

Fokussieren Sie sich unter den Tipps und Techniken in diesem Buch auf jene, die in Ihrer persönlichen Lage, bei Ihrer individuellen Zielsetzung und bei Ihrem Budget am sinnvollsten sind. Klammern Sie die Tipps und Techniken aus, mit denen Sie wenig anfangen können – und lassen Sie sich von diesen nicht ablenken. Auf diese Weise werden Sie den **für Sie individuell sinnvollen Grad an Kosteneffizienz erreichen** und die Sanierung gut umgesetzt bekommen. Viel Erfolg dabei!

Quellenverzeichnis

Literaturquellen:

Berreth, J.: *Die erste Immobilie fachmännisch kaufen, verwalten, verkaufen*. Filderstadt: Selbstauflage, 2021. 2. Auflage.

Burk, P.: Altersgerecht umbauen. Berlin: Stiftung Warentest, 2009. 1. Auflage.

Burk, P.: *Handbuch Sanieren und Modernisieren*. Berlin: Stiftung Warentest, 2021. 2. Auflage.

Krolkiewicz, H. J.: *Der Altbau. Auswahl, Kauf Modernisierung*. Freiburg: Haufe-Lexware GmbH & Co. KG, 2010.

Meyer, C.: *Endlich Ruhe im Rohr!* In der Zeitschrift: *selbst ist der Mann. Das Do-it-yourself-Magazin*. Nr. 1_2009.

Oswald, R.; Kottjé, J.; Sous, S.: *Kostengünstig bauen – Schäden vermeiden. Mit vielen Konstruktionsbeispielen aus der Praxis*. München: Deutsche Verlags-Anstalt GmbH, 2005.

Spencer, M.: The Guide to „Fix and Flip" real estate. Ort unbekannt: Selbstauflage, 2019.

Internetquellen:

ANWALT.ORG, *Zwangssanierung: Ist das noch ein Thema?* (27.11.2022). https://www.anwalt.org/zwangssanierung/.

BAFA, *Förderübersicht: Bundesförderung für effiziente Gebäude – Einzelmaßnahmen (BEG EM)* (01.01.2023). https://www. bafa.de/SharedDocs/Downloads/DE/Energie/beg_em_ foerderuebersicht.pdf?__blob=publicationFile&v=12.

baunetzwissen.de, *Baualtersstufe der 20er und 30er Jahre* (letzter Abruf: 28.11.2022, 10:27 Uhr). https://www.bau netzwissen.de/altbau/fachwissen/baualtersstufen/baual tersstufe-der-20er-und-30er-jahre-148202.

baunetzwissen.de, *Baualtersstufe der 60er Jahre* (letzter Abruf: 28.11.2022, 13:57 Uhr). https://www.baunetzwissen.de/ altbau/fachwissen/baualtersstufen/baualtersstufe-der-60er jahre-148200.

baunetzwissen.de, *Baualtersstufe der 80er Jahre* (letzter Abruf: 28.11.2022, 13:57 Uhr). https://www.baunetzwissen.de/ altbau/fachwissen/baualtersstufen/baualterstufe-der-80er jahre-649849.

baunetzwissen.de, *Baualtersstufe Gründerzeit/Jahrhundert wende* (letzter Abruf: 28.11.2022, 10:27 Uhr). https://www. baunetzwissen.de/altbau/fachwissen/baualtersstufen/bau alterstufe-gruenderzeit-jahrhundertwende-148198.

baunetzwissen.de, *Einschalige Außenwände aus Mauerwerk* (letzter Abruf: 28.11.2022, 10:27 Uhr). https://www.bau netzwissen.de/altbau/fachwissen/aussenwand-konstruktion/ einschalige-aussenwaende-aus-mauerwerk-148296.

baunetzwissen.de, *Industrialisierter Wohnungsbau der 70er Jahre/Plattenbauten* (letzter Abruf: 28.11.2022, 10:27 Uhr). https://www.baunetzwissen.de/altbau/fachwissen/baualtersstufen/industrialisierter-wohnungsbau-der-70er-jahre-plattenbauten-148206.

baunetzwissen.de, *Nachkriegsbauten der 50er Jahre* (letzter Abruf: 28.11.2022, 10:27 Uhr). https://www.baunetzwissen.de/altbau/fachwissen/baualtersstufen/nachkriegsbauten-der-50er-jahre-148204.

Bayerisches Landesamt für Umwelt, *Bayerisches Modernisierungsprogramm – BayModR* (19.08.2022). https://www.umweltpakt.bayern.de/werkzeuge/foerderfibel/programme/5/bayerisches-modernisierungsprogramm-baymodr/.

Brehl, J.: co2online, *Dämmpflicht für Wohngebäude: Pflichten und Vorschriften* (letzter Abruf: 30.01.2023, 16:54 Uhr). https://www.co2online.de/modernisieren-und-bauen/daemmung/daemmpflicht/.

Bundesministerium der Justiz, *Bürgerliches Gesetzbuch (BGB) § 555b Modernisierungsmaßnahmen* (letzter Abruf: 30.01.2023, 16:23 Uhr). https://www.gesetze-im-internet.de/bgb/__555b.html.

Bundesministerium der Justiz, *Bürgerliches Gesetzbuch (BGB) § 559 Mieterhöhung nach Modernisierungsmaßnahmen* (letzter Abruf: 30.01.2023, 16:22 Uhr). https://www.gesetze-im-internet.de/bgb/__559.html.

Bundesministerium der Justiz, *Einkommensteuergesetz (EStG) § 6 Bewertung* (letzter Abruf: 30.01.2023, 16:12 Uhr). https://www.gesetze-im-internet.de/estg/__6.html.

Bundesministerium der Justiz, *Einkommensteuergesetz (EStG) § 7 Absetzung für Abnutzung oder Substanzverringerung* (letzter Abruf: 30.01.2023, 16:16 Uhr). https://www.gesetze-im-internet.de/estg/__7.html.

Bundesministerium der Justiz, *Einkommensteuergesetz (EStG) § 7h Erhöhte Absetzungen bei Gebäuden in Sanierungsgebieten und städtebaulichen Entwicklungsbereichen* (letzter Abruf: 30.01.2023, 16:20 Uhr). https://www.gesetze-im-internet.de/estg/__7h.html.

Bundesministerium der Justiz, *Einkommensteuergesetz (EStG) § 10f Steuerbegünstigung für zu eigenen Wohnzwecken genutzte Baudenkmale und Gebäude in Sanierungsgebieten und städtebaulichen Entwicklungsbereichen* (letzter Abruf: 30.01.2023, 16:04 Uhr). https://www.gesetze-im-internet.de/estg/__10f.html.

Bundesministerium der Justiz, *Einkommensteuergesetz (EStG) § 35a Steuerermäßigung bei Aufwendungen für haushaltsnahe Beschäftigungsverhältnisse, haushaltsnahe Dienstleistungen und Handwerkerleistungen* (letzter Abruf: 30.01.2023, 16:03 Uhr). https://www.gesetze-im-internet.de/estg/__35a.html.

Bundesministerium der Justiz, *Einkommensteuergesetz (EStG) § 35c Steuerermäßigung für energetische Maßnahmen bei zu eigenen Wohnzwecken genutzten Gebäuden* (letzter Abruf: 30.01.2023, 16:06 Uhr). https://www.gesetze-im-internet.de/estg/__35c.html.

Deckert, S.: DasHaus, *Heizungsrohre verkleiden: Das Nützliche schön gestalten* (28.08.2019). https://www.haus.de/bauen/heizungsrohre-verkleiden-27943.

DR. KLEIN, *Checkliste: Versicherungen für die Sanierung* (letzter Abruf: 26.01.2023, 22:47 Uhr). https://www.drklein.

de/fileadmin/drk/download/210111_Checkliste_Versicherung-fuer-die-Sanierung.pdf.

energie-fachberater.de, *Dämmung von Rohrleitungen: So dick muss der Dämmstoff sein* (28.10.2022). https://www.energie-fachberater.de/daemmung/daemmung-keller/daemmung-rohrleitungen/pflicht-laut-enev-daemmung-der-rohrleitungen.php.

easyCredit, *Umbau am eigenen Haus: Welche Versicherungen brauche ich?* (16.09.2019). https://www.easycredit.de/blog/hausumbau-welche-versicherungen-brauche-ich.

FörderWelt, *Was ist ein Zuschuss?* (letzter Abruf: 26.01.2023, 22:47 Uhr). https://www.foerder-welt.de/content/foerder-welt/de/wohnen/wissen-stories/was-ist-ein-zuschuss.html.

Grimm, R.: BaustoffWissen, *Was ist ein Fenster- oder Türsturz?* (15.08.2017). https://www.baustoffwissen.de/baustoffe/baustoffknowhow/fassade_und_massivbau/was-ist-ein-fenstersturz-tuersturz-definition-funktion-materialien/.

Handelsblatt, *Milliarden-Förderung für Gebäudesanierung – aber weniger Zuschüsse für Wärmepumpen* (26.07.2022). https://www.handelsblatt.com/politik/deutschland/energetische-sanierung-milliarden-foerderung-fuer-gebaeudesanierung-aber-weniger-zuschuesse-fuer-waermepumpen/28551232.html.

handwerk.com, *Acht Regeln für Verhandlungen* (05.08.2010). https://www.handwerk.com/acht-regeln-fuer-verhandlungen.

HAUFE, *Austauschpflicht für alte Ölheizungen: Wer handeln muss* (03.01.2023). https://www.haufe.de/immobilien/wirtschaft-politik/klimaschutz-oelheizung-austauschen-was-wird-gefoerdert_84342_507378.html.

HAUFE, *Einkommensteuer-Durchführungsverordnung / § 82b Behandlung größeren Erhaltungsaufwands bei Wohngebäuden* (letzter Abruf: 30.01.2023, 16:08 Uhr). https://www.haufe.de/personal/haufe-personal-office-platin/einkommensteuer-durchfuehrungsverordnung-82b-behandlung-groesseren-erhaltungsaufwands-bei-wohngebaeuden_idesk_PI42323_HI1278142.html.

Heinrich Schmid, *Standorte* (letzter Abruf: 19.01.2023, 12:07 Uhr). https://www.heinrich-schmid.com/standorte/.

iwu.de, *Deutsche Gebäudetypologie. Systematik und Datensätze* (Juni 2005). https://www.iwu.de/fileadmin/publikationen/gebaeudebestand/2003_IWU_Deutsche-Geb%C3%A4udetypologie-Systematik-und-Datens%C3%A4tze.pdf.

JURAFORUM, *Was ist ein Baudenkmal? – Definition und Auflagen einfach erklärt* (18.07.2022). https://www.juraforum.de/lexikon/baudenkmaeler.

KFW, *Die Effizienzhaus-Stufen für bestehende Immobilien und Baudenkmale* (letzter Abruf: 26.01.2023, 22:47 Uhr). https://www.kfw.de/inlandsfoerderung/Privatpersonen/Bestehende-Immobilie/Energieeffizient-sanieren/Das-Effizienzhaus/.

KFW, *Merkblatt – Energieeffizient Bauen* (01.01.2021). https://www.kfw.de/PDF/Download-Center/F%C3%B6rderprogramme-(Inlandsf%C3%B6rderung)/PDF-Dokumente/6000003464_M_153.pdf.

KFW, *Worst Performing Building (WPB) – die neue Gebäudekategorie* (letzter Abruf: 26.01.2023). https://www.kfw.de/

inlandsfoerderung/Bundesf%C3%B6rderung-f%C3%BCr-effiziente-Geb%C3%A4ude/Worst-Performing-Building-(WPB)/.

KGK Rechtsanwälte, *Wie sehen Ihre Rechte und Pflichten als Vermieter von möblierten Wohnungen auf Zeit aus?* (letzter Abruf: 29.01.2023, 22:12 Uhr). https://www.kgk-kanzlei.de/rechtsgebiete/mietrecht/moeblierte-wohnungen/.

Ley, J.: BR, # *Faktenfuchs: Was macht ein Gebäude zum Denkmal?* (08.09.2019). https://www.br.de/nachrichten/kultur/faktenfuchs-was-macht-ein-gebaeude-zum-denkmal,RaRv-NUm.

Naus, I.: immowelt, *Möbliert vermieten – mehr Aufwand, aber mehr Geld vom Mieter* (01.10.2020). https://ratgeber.immowelt.de/a/moebliert-vermieten-mehr-aufwand-aber-mehr-geld-vom-mieter.html.

OBI Magazin, *Dach dämmen – Schritt für Schritt* (03.02.2022). https://www.obi.de/magazin/bauen/decke/dach-daemmen.

selbst, *Wasserleitung verlegen* (02.08.2022). https://www.selbst.de/wasserleitung-verlegen-6340.html.

Sparkasse, *So lange hält ein Haus* (letzter Abruf: 26.01.2023, 19:13 Uhr). https://www.sparkasse.de/themen/sanierung-modernisierung-renovierung/was-wann-sanieren.html.

Statista, *Durchschnittlicher Preis für Erdgas[1] in Europa von Dezember 2015 bis Dezember 2022* (09.01.2023). https://de.statista.com/statistik/daten/studie/1265554/umfrage/durchschnittlicher-preis-fuer-erdgas-in-europa-monatlich/.

Upstairs TREPPENRENOVIERUNG, *Eine steile Treppe: Vor- und Nachteile im Überblick* (26.08.2016). https://www.

upstairs.com/de/treppenarten/eine-steile-treppe-vor-und-nachteile-im-ueberblick/.

Vereinigte Lohnsteuerhilfe e. V., *Was Vermieter bei Sanierung, Umbau oder Ausbau absetzen können* (04.11.2022). https://www.vlh.de/wohnen-vermieten/vermietung/was-vermieter-bei-sanierung-umbau-oder-ausbau-absetzen-koennen.html.

Wörrle, J. T.: DEUTSCHE HANDWERKS ZEITUNG, *Ölheizungsverbot ab 2026: Das macht den Umstieg so schwer* (30.01.2023). https://www.deutsche-handwerks-zeitung.de/verbot-von-oelheizungen-das-soll-ab-2026-gelten-135538/.

wohnnet, *So senken Sie die Sanierungskosten* (16.01.2017). https://www.wohnnet.at/sanierung/planung/sanierungskosten-senken-21927.